Werner DePauli-Schimanovich
Peter Weibel

Kurt Gödel

EIN MATHEMATISCHER MYTHOS

hpt

Die Deutsche Bibliothek – CIP-Einheitsaufnahme

Kurt Gödel : ein mathematischer Mythos / Werner DePauli-Schimanovich ; Peter Weibel. – 1. Aufl. – Wien : hpt, 1997
ISBN 3-209-00865-5

1. Auflage 1997
ISBN 3-209-00865-5

Satz und Gestaltung: Production Management, Wien
Cover: M. Stumpauer, Wien, unter Verwendung von Bildmontagen von Helmut Stadelmann
Druck: Adolf Holzhausen's Nfg., Wien

Editorial

Das Büchlein „Kurt Gödel – Ein mathematischer Mythos“ entstand auf der Basis des Drehbuchs zum gleichnamigen Film, welcher vom ORF (Österreichischer Rundfunk Fernsehen) im Dezember 1986 zum ersten Mal ausgestrahlt wurde. Der Text des Drehbuches wurde mehrfach überarbeitet, aktualisiert, teils ergänzt und teils gekürzt, neu strukturiert und neu formuliert, so daß daraus letztendlich eine eigenständige Monographie entstand.

Am Heranwachsen dieses Büchleins haben viele mitgewirkt, denen wir unseren herzlichsten Dank aussprechen. Einige, die ganz wesentlich zur Entstehung beigetragen haben, seien hier namentlich genannt: Brigitte Gattermann, Eckehart Köhler, Gerald Opelt, Erich Péhm, Ulli Rieger, Helmut Stadelmann, Martin Stumpauer.

Besonders danken wir Herrn Peter Hindler für die erste Bearbeitung des Manuskripts.

Das vorliegende Ergebnis zeigt Schnittpunkte von Philosophie, Mathematik, Physik und Informatik (inklusive Gebiete wie Wissenschaftstheorie, Artifizielle Intelligenz, Kognitivwissenschaft und Logik). Schon allein die Vielfalt der betroffenen Disziplinen dokumentiert ein Thema von allgemeinem kulturellen Interesse. „Mathematik ist unsere unsichtbare Kultur“ war unser Motto beim Versuch, das breite Spektrum darzustellen, das durch die Leistungen Kurt Gödels neue Dimensionen erfahren hat.

Werner DePauli-Schimanovich
Peter Weibel

Wien, April 1997

Inhaltsverzeichnis:

0. Mathematik – unsere unsichtbare Kultur*

Bezüglich der Mathematik gibt es im wesentlichen nur einen rational vertretbaren Standpunkt – nämlich den von Norbert Wiener, dem Begründer der Kybernetik:

„Mathematik ist ein Teil unseres Kulturgutes, und wir haben die Aufgabe, unsere Mitmenschen in die Geheimnisse der Mathematik einzuweihen.“ [1]

Viele äußere Erscheinungsformen unserer Kultur und Zivilisation gehen in Wirklichkeit auf die Mathematik zurück. Jede Fabrik, wo Roboter und computergesteuerte Werkzeugmaschinen in den Fertigungsprozeß integriert sind, basiert auf einer jahrhundertelangen Entwicklungsarbeit der Mathematik. Denn die Mathematik als „Grundlage des exakten Denkens in seiner Anwendung auf die Naturerscheinungen“ [2] bildet den Grundpfeiler für Physik und Technik. Der Computer stellt ein universales Werkzeug in der gegenwärtigen Zivilisation dar, der ohne die Entwicklung Formaler Systeme in der Mathematik nicht so schnell gebaut hätte werden können.

Im alltäglichen Umgang mit Computern wird meist auf das ideengeschichtliche Vorfeld der Informatik vergessen. Leute wie Gottfried Wilhelm Leibniz, Charles Babbage, Kurt Gödel, Alan Turing oder Johann von Neumann mußten erst einen langen und oft mühevollen intellektuellen Weg vorausgehen, ehe die ersten programmgesteuerten elektronischen Rechenmaschinen entstehen konnten. Bemühungen um eine Formalisierbarkeit sprachlicher Aussagen, wie sie in der Gelehrtenschmiede „Wiener Kreis“ (dem temporär auch Gödel angehörte) unternommen wurden, entstanden beinahe zeitgleich mit Norbert Wieners Forschungen über die Grundlagen der Mathematik und formalen Logik. Wieners Kybernetik – basierend auf Erkenntnissen von Prozessabläufen in der Regelungstechnik – wurde in ihrer Weiterentwicklung wiederum wesentlich mitgetragen durch Heinz von Foerster und Warren McCulloch. Vom Wiener Kreis Mitglied Rudolf Carnap läßt sich eine Spur verfolgen zu Herbert Simon und der Artificial Intelligence. Manchmal sind dies „nur Parallelen", oft genug nachweisbare gegenseitige Beeinflussungen, die besonders in der zweiten Hälfte des 20. Jahrhunderts zu rasanten Veränderungen in beinahe allen Lebensbereichen geführt haben, und vielfach waren es die neuen Erkenntnisse in Mathematik und Logik, die diese Entwicklung ermöglichten. Diese Schaffung der Vorbedingungen für die technische Umsetzung darf nicht außer acht gelassen werden – darin findet sich das Bindeglied zwischen Vorstellungsvermögen und Realisierung. Kurt Gödel ist gewissermaßen eine Inkarnation dafür. Dieses Büchlein soll daher nicht nur eine kurze Biographie von Kurt Gödel sein, sondern auch ein Beitrag zur neueren Kulturgeschichte, in deren inhaltliche Gestaltung die Mathematik eingreift wie niemals zuvor, auch wenn dies für viele äußerlich unsichtbar bleibt.

Portrait Gödel (um 1930)

1. Der Mythos Gödel

Gödels mathematische Entdeckung hat Auswirkungen auf unser Selbstverständnis als reflektierende Menschen. Die Erkenntnis der unendlichen Möglichkeiten unserer Intuition mit mathematischen Mitteln veränderte den Status der Mathematik und beeinflußte weite Bereiche unserer Kultur.

„Es besteht kein Zweifel darüber, daß Gödel der größte lebende Logiker der Welt ist; ja Gelehrte vom Rang eines Hermann Weyl und John von Neumann haben erklärt, daß er ohne Zweifel der größte Logiker seit Leibniz, besser noch seit Aristoteles, ist. Es gibt wohl in der gesamten Geschichte der Universität Wien niemanden, der an ihr gelehrt hat, dessen Name den Gödelschen überstrahlt. (...) Einstein sagte einmal zu mir, daß ihm seine eigene Arbeit nicht mehr viel bedeute und daß er lediglich ins Institutsgebäude käme, um das Privileg zu haben, mit Gödel zu Fuß nach Hause gehen zu dürfen.“ [3]

Gödel & Morgenstern in den 50er Jahren

Dies schrieb der Wissenschaftler Oskar Morgenstern 1965 an den damaligen österreichischen Außenminister Bruno Kreisky.

Zu dieser Zeit war Gödel in Europa dem allgemeinen Publikum noch ziemlich unbekannt. Doch nach dem Sensationserfolg der deutschen Übersetzung[4] von Douglas R. Hofstadters „Gödel, Escher, Bach: An Eternal Golden Braid" im Jahre 1985 wurde Gödel auch im deutschen Sprachraum und schließlich auch in Wien von den kulturellen Kreisen zur Kenntnis genommen.

Das Buch von Douglas R. Hofstadter ist ein Musterbeispiel für unsere Auffassung von Gödels großer Anziehungskraft und seine Wichtigkeit für die künstlerische und geistige Entwicklung. Es zeigt, wie Gödels mathematische Theorie mit den Ergebnissen aus der Musik, der bildenden Kunst und der Artifiziellen Intelligenz zu einer allgemeinen Theorie der Kognition und der schöpferischen Tätigkeit verarbeitet werden kann. Wie der Untertitel schon sagt, ist die zentrale These Hofstadters, die geistige Aktivität des Menschen als „endloses Band" zu sehen, als eine Möbiusschleife, als ein Denken über das Denken über das Denken ... [5]

Ähnlich wie Einsteins Entdeckung zu einer neuen Sicht der Physik führte, eröffnete Gödels These eine neue Perspektive auf die Grundbegriffe der Mathematik. Die Frage nach der Relation zwischen Wahrheit und Beweisbarkeit wurde von ihm mit neuen Werkzeugen beantwortet.

Nicht alles, was in der Mathematik wahr ist, kann auch formal korrekt von ihr bewiesen werden. Dieser paradoxe Sachverhalt, der einem jahrtausendealten Streben ein jähes Ende setzte, wurde von Gödel mit exakten mathematischen Mitteln bewiesen. Es stellte sich heraus, daß es wahre mathematische Sätze gibt, die formal weder bewiesen noch widerlegt werden können.

Wahrheit = Wolken, Beweisbarkeit = Berg

Der deduktive Anspruch der Mathematik, seit ihren griechischen Anfängen bei Euklid, verschärfte sich zusehends in der Moderne. Mit zunehmendem Bestreben nach rationaler Begründbarkeit, insbesondere seit Descartes und Pascal, wurden neue Formen der Logik und Mathematik entwikkelt. Beide Denkbereiche wurden immer stärker aufeinander bezogen.

So entwickelte sich schließlich die Disziplin der „mathematischen Logik", die besonders seit Leibniz und Boole immer mehr zur vorherrschenden wurde. Mit Hilfe der logischen Kalküle wurde die Mathematik selbstbezüglicher und stringenter in ihrer Beweisführung. Aber auch so konnten nicht alle alten mathematischen Probleme gelöst werden; neue kamen hinzu, und die Logifizierung führte nolens volens auch die alten logischen Paradoxien in die Mathematik ein.

Im weiteren werden wir sehen, wie beide Entwicklungen in den Theorien von Gödel zusammenkommen und die entscheidende Rolle bei seiner Entdeckung spielen werden.

$a^2 + b^2 = c^2$

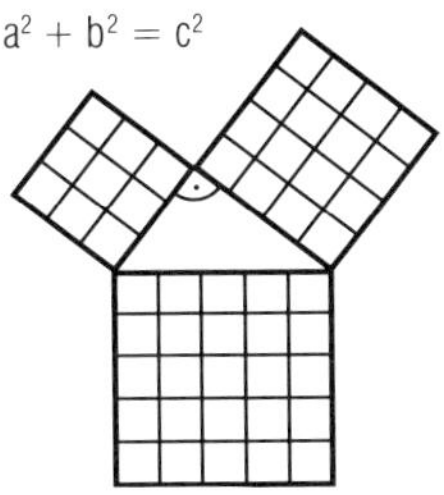

Was bedeuten Wahrheit und Beweisbarkeit in der Mathematik?

Der Pythagoräische Lehrsatz liefert ein Beispiel für einen wahren und zugleich formal beweisbaren Satz der Mathematik: In einem rechtwinkeligen Dreieck mit den Katheten a und b und der Hypotenuse c gilt: $a^2 + b^2 = c^2$.

Die Wahrheit dieses Satzes ist für jeden evident und wird Schritt für Schritt und Argument für Argument untermauert.

Wir nennen dies: inhaltliches Schließen oder Verifikation.

Das bedeutet, daß wir uns an gewissen anschaulichen Inhalten unseres Denkens orientieren. Diese Inhalte sind Modelle, die wir uns von den Beziehungen zwischen den Gegenständen unseres Denkens machen. Wahrheit ist die Übereinstimmung von Sätzen mit unseren Modellen. Ihre Verifikation ist die Konstruktion dieser Übereinstimmung durch eine Interpretation.[6] Dieser Prozeß führt zu einer permanenten Verfeinerung der Modelle.

$a^3 + b^3 = c^3$ ist für alle ganzzahligen a, b, und c größer 0 unmöglich!

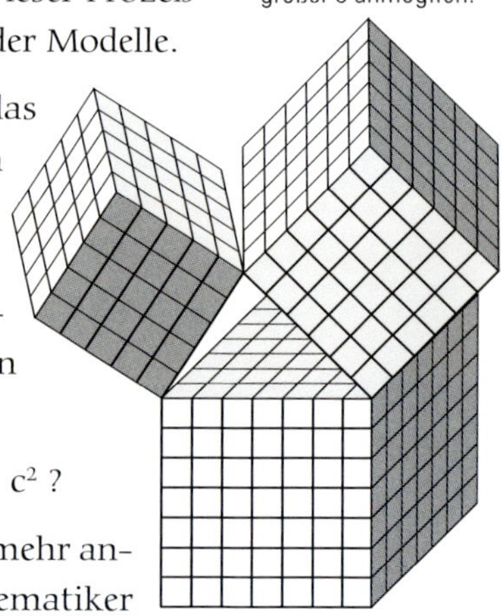

$5^3 + 6^3 \approx 7^3$

Wenn wir ein *passendes* Dreieck wählen, das kein rechtwinkeliges Dreieck ist, können wir uns fragen, was geschieht, wenn wir die Quadrate an den drei Seiten des Dreiecks durch Würfel ersetzen. Können wir dann einen ähnlichen Satz wie den Pythagoräischen Lehrsatz formulieren, sodaß gilt:

$a^3 + b^3 = c^3$, genau so wie vorher $a^2 + b^2 = c^2$?

Die vierte Dimension ist geometrisch nicht mehr anschaubar. Trotzdem formuliert der Mathematiker die abstrakte Frage, ob es Dreiecke gibt, auf deren Seiten man vierdimensionale „Würfel" aufspannen könnte. Der vierdimensionale Würfel wäre eine Zahl, die viermal mit sich selbst multipliziert wird.

Pierre de Fermat (1601–1655) gelangte 1637 durch die Abstraktion des Pythagoräischen Lehrsatzes auf beliebige Dimensionen zu der lange Zeit offenen Frage[7]:

Gibt es für jede beliebige natürliche Zahl n größer als 2 noch drei weitere positive ganze Zahlen a, b und c, sodaß $a^n + b^n = c^n$ gilt?

Fermat behauptete, einen Beweis für die Widerlegung dieser Möglichkeit gefunden zu haben. Auf den Rand eines Buches über Diophantische Gleichungen schrieb er, daß er den Beweis zwar gefunden habe, daß der Rand des Buches aber zu schmal für diesen Beweis sei.

Obwohl diese Behauptung (der Nichtexistenz einer ganzzahligen positiven Lösung obiger Gleichung) über 300 Jahre unbewiesen blieb, war die mathematische Gemeinschaft stets von deren Richtigkeit überzeugt. Man nannte sie den „großen Fermat" und behandelte sie wie einen bewiesenen Satz. Erst in jüngster Zeit gelang es, Fermats Vermutung tatsächlich zu beweisen.

Ähnliches gilt für die Goldbachsche Vermutung. Christian Goldbach (1690–1764) behauptete 1742, daß jede gerade Zahl größer 4 die Summe zweier ungerader Primzahlen sei. Diese These konnte bis heute weder bewiesen noch widerlegt werden und dennoch wird sie als wahrer Satz angenommen.

Wir werden in späteren Zusammenhängen noch weitere Widersprüchlichkeiten kennenlernen, bei denen es – ähnlich wie bei Gödel – um die Beziehung mathematischer Intuition und formaler Beweise bzw. um das Verhältnis zwischen formaler Beweisbarkeit und der Gültigkeit ihrer Aussagen geht.

Die von Gödel konstruierte Aussage der Zahlentheorie – wir nennen sie *Gödel-Formel G* – hat, wenn auch in einem anderen Bereich, einen ähnlichen Status wie die Goldbachsche Vermutung: diese ist zwar als wahr akzeptiert, ist aber unbewiesen – jene gilt als wahr, ist aber unbeweisbar. Der Gödel-Satz G ist nicht identisch mit Gödels berühmtem Beweis, in dessen Zuge die Formel G erst entwickelt wurde, und der ihre Unbeweisbarkeit und Wahrheit aufzeigt.

Nach diesen Ausführungen erhebt sich die wichtige Frage: Was ist überhaupt ein Beweis? Der „große Fermat" z.B. liegt jenseits der geometrischen Anschauung. Für einen Beweis benötigt man daher abstrakte Schlußformen, die sich im Laufe der letzten beiden Jahrtausende als stillschweigende Konventionen herauskristallisiert haben.

Der Beginn der formalen Entwicklung dieser Schlußweisen liegt für unsere Breitengrade bei Aristoteles, der sie als erster systematisierte. Die entscheidende Entwicklung aber brachten die bereits erwähnten Bestrebungen der modernen mathematischen Logik – insbesondere die Formulierungen von Guiseppe Peano.

In den letzten Jahren des 19. Jahrhunderts axiomatisierte Guiseppe Peano (1858–1932) die Zahlentheorie und minimierte die Axiome, sodaß einerseits keines von ihnen redundant war, aber andererseits die Zahlentheorie aus ihnen ableitbar war. Er und kurz davor Gottlob Frege (1848–1925) explizierten Schlußweisen, die für die Mathematik entscheidend und maßgebend werden sollten.[8]

Alle drei wichtigen mathematischen Richtungen: Logizisten (Frege, Russell und Carnap), Formalisten (Hilbert, Bernays und von Neumann) und Intuitionisten (Brouwer, Heyting und Weyl) gingen entweder als Kritiker oder als Befürworter einer derartigen Axiomatik in die Geschichte ein.

Mit Hilfe dieser Theorie konnte man von den evidenten Grundwahrheiten zu höheren Wahrheiten aufsteigen, von diesen zu noch komplexeren Erkenntnissen und so fort. In einem solchen Formalen System werden die mathematischen Sätze genauso wie die Figuren beim

Schachspiel auf Grund von Spielregeln behandelt. Die Mathematik wurde systematisiert.

Seit Euklid hatte man gehofft, daß anschaulich Gegebenes auch formal in einem Regelsystem bewiesen werden könne. Euklid axiomatisierte die Geometrie seiner Zeit. Nicht zufälligerweise zeigte sich im Parallelenaxiom, das den Begriff der Unendlichkeit einführte – also nicht anschaulich gegeben war –, das Problem der strengen Beweisbarkeit abstrakter Termini. Erst 2000 Jahre später konnte eine Lösung gefunden werden, und diese war überraschenderweise verschieden von der erhofften. Der nicht-euklidsche Raum wurde entdeckt.

Gegen Ende des vorigen Jahrhunderts suchte die vorherrschende Strömung der mathematischen Grundlagenforschung den intuitiven Begriff der Wahrheit durch den formalen Begriff der Beweisbarkeit zu ersetzen. Bis zu Gödels Theorem fielen Wahrheit und Beweisbarkeit, Falschheit und Widerlegbarkeit, Unbestimmtheit und Unentscheidbarkeit zusammen.

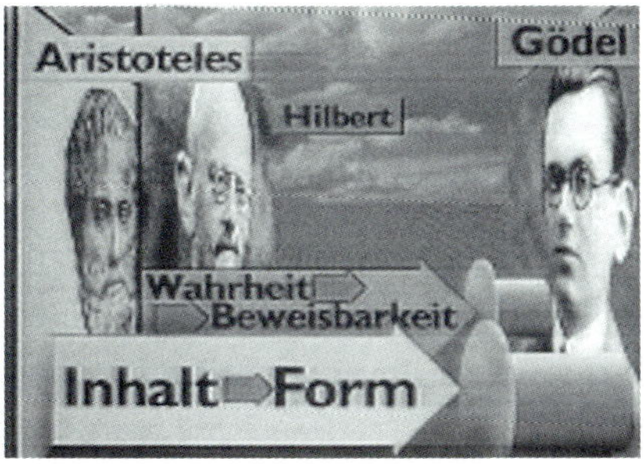

Erst Gödel zeigte, daß es inhaltlich erschlossene Wahrheiten gibt, die mit dem Standardregelsystem der Mathematik nicht bewiesen werden können. Insofern ist Wahrheit umfangreicher als Beweisbarkeit: Es gibt mehr Wahrheiten als beweisbar sind. Da jedoch die Beweisbarkeit besser intersubjektivierbar und nachvollziehbar ist (ja sogar mechanisierbar), können wir auch sagen, daß Wahrheit schwächer als Beweisbarkeit ist, jedenfalls bezogen auf Genauigkeit, Klarheit und Überzeugungskraft.

Die Beweisbarkeit aber bildete die Grundlage der Mathematik und der Naturwissenschaften. Wenn nun nicht alle Wahrheiten beweisbar sind, ist es daher offensichtlich, daß die Resultate der Gödelschen Forschungen weittragende Auswirkungen zeitigen mußten.

Ein zeitgenössisches Puzzle wie das „Partyproblem" veranschaulicht diesen Sachverhalt: Wie viele Personen mindestens muß man zu einer Party einladen, damit entweder drei von ihnen einander von früher kennen, oder damit drei andere einander paarweise nicht kennen? Die Antwort ist 6 Personen.

Eine Verallgemeinerung dieses Problems und seiner Antwort auf unendliche Bereiche läßt sich aus kombinatorischen Überlegungen inhaltlich als wahr beweisen, nicht aber formal innerhalb des Standardsystems der Zahlentheorie.[9]

Der tiefere Grund für diese Vorgänge liegt in der Möglichkeit, immer neue Formen des inhaltlichen Schließens zu kreieren. Daß sich aber dieser Fragenkomplex so verändern konnte, liegt zum einen an den immer abstrakter werdenden mathematischen Theorien, zum anderen an den strengeren, exakteren Ansprüchen, die man an die Gültigkeit von Beweisen stellt. So wurde die intuitive Erkenntnis oft zugunsten der formalisierbaren Beweisbarkeit geopfert. Die Tatsache, daß Gödel an der Intuition als Quelle des Wissens festhielt, trug viel zu seiner Entdeckung bei.

Den Standpunkt, daß lebendiges, mathematisches Denken nicht durch einen permanenten Formalisierungsakt eingezwängt werden soll, hat Luitzen Egbertus Jan Brouwer (1881–1966), der Begründer des Intuitionismus, vertreten. In seinen beiden Vorträgen[10] an der Wiener Universität am 10. bzw. 14. 3. 1928 hat er seine Kritik überzeugend vorgebracht. Brouwers Vorträge „Mathematik, Wissenschaft und Sprache" bzw. „Die

Struktur des Continuums" bildeten eine wichtige Anregung für Gödels Gedankenwelt. Im gleichen Jahr begann Gödel seine systematischen und folgenreichen Mathematikforschungen. [11]

In der Relation der mathematischen Grundlagenforschung zur Technologie des Computers entstanden neue Fragen:

Das Verhältnis von Intuition und Beweis widerspiegelte sich in der Frage der Beziehung von Mentalismus und Formalismus, Denken und Mechanik, kurz, in der Frage nach der Möglichkeit der Mechanisierbarkeit des Geistes. Denn die Computer sind ja die physikalischen Realisierungen der Formalen Systeme der Logik.

Die formale Beweisbarkeit mathematischer Sätze steht in direktem Zusammenhang mit der Frage nach der Möglichkeit der Berechenbarkeit menschlichen Denkens. Der Gödelsche Beweis wirft daher eine vergleichbare Beschränkung auch für aktuelle Probleme der Forschung der Artifiziellen Intelligenz auf.

Die Artifizielle Intelligenz ist eine neue Wissenschaft, die besonders durch den Bau von schnellen und leistungsfähigen Rechnern bedeutsam wurde. [12] Sie will unter anderem die mentalen Prozesse des Menschen nachahmen. Beispielsweise werden folgende Fragen behandelt:

Können Computer Bewußtsein haben?

Können Maschinen auch denken?

Inwieweit können Maschinen Bilder und Szenen analysieren?

Können Computer Sätze verstehen?

Können Computer beliebige mathematische Wahrheiten beweisen?

Für all diese Fragen glaubt man im Gödelschen Beweis eine Annäherung an die Wahrheit zu finden, da dieser philosophische Interpretationen zuläßt, welche die Grenzen von Mensch und Maschine zu erklären scheinen.[13]

Eben weil Gödels Theoreme im Kleid mathematischer Strenge formuliert sind, sind sie ein präziseres Instrument für die Behandlung abstrakt-spekulativer Fragen als die traditionelle philosophische Betrachtungsweise.

Man steht vor dem Tor zu den letzten Dingen und hat mit Gödels Beweis scheinbar einen Schlüssel zur Hand, um den Nebel davor zu lichten. Daraus resultiert die mythische Anziehungskraft des Gödelschen Satzes.

Aber auch auf anderen Gebieten zeichnete sich Kurt Gödel aus. So leistete er z. B. einen sehr wichtigen Beitrag zur Mengenlehre, einem der meist gefeierten Zweige der Mathematik des 20. Jahrhunderts. Er konnte zeigen, daß das „Auswahlaxiom" und auch die „Kontinuumshypothese" konsistent mit den Axiomen der Mengenlehre sind.

Früh angeregt durch seinen Wiener Lehrer Hans Thirring (1888–1976) und motiviert durch die lange Freundschaft mit Albert Einstein (1879–1955), beschäftigte sich Gödel in den 40er und 50er Jahren auch mit Kosmologie. Er berechnete eine neue Lösung der Einsteinschen Feldgleichung der allgemeinen Relativitätstheorie (vgl. dazu Kapitel 10).

Hans Thirring

In Gödels Universum ist eine Zeitreise in die Vergangenheit möglich, wenn der Zeitreisende sich aus dem lokalen Bereich herausbewegt.

Dies wäre aber nur mit überdimensionalen Raketen möglich, in denen man beinahe ganze Planeten verfeuern müßte.

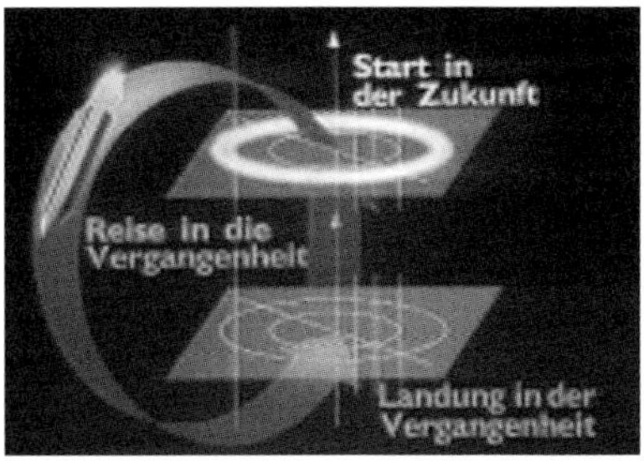

Eine solche Zeitreise stellt einen alten Wunschtraum der Menschheit dar, der auch im Science Fiction Roman von H. G. Wells „Die Zeitmaschine" zum Ausdruck kommt. „Die Rückkehr der Zeitmaschine" von Egon Friedell, einem der Lieblingsschauspieler Gödels (aus der Zeit, als er noch das Theater in der Josefstadt besuchte), stellt eine Parodie auf Wells' Buch dar.

Durch die Vorstellung der Möglichkeit einer derartigen Reise wird die kausale Struktur des Universums in Frage gestellt. Lokal bliebe sie natürlich erhalten. Aus diesem Grund hat Gödels Lösung der Einsteinschen Feldgleichung die Kausalitätsdebatte unter einer neuen – der kosmologischen – Perspektive wieder angefacht. Während diese schon früher – als Resultat der Quantentheorie – verschärft geführt wurde, fügte Gödel mit seinen Forschungsresultaten neue Dimensionen der Zeit hinzu. [14]

Dies führte zu einer Präzisierung der Diskussion. Das Eingreifen in eine Kausalkette ist natürlich nur dann möglich, wenn das Ergebnis nicht seine eigene Ursache zerstört. (Ein Beispiel für einen unmöglichen Handlungsablauf wäre eine Person, die durch die Reise in die Vergangenheit ihr eigenes Leben verändern würde.)

In diesem Sinne könnte man sagen: Zeitreisen finden jenseits der Kausalität statt. Zeitreisende können uns nur als „Geister" erscheinen.

Vielleicht waren solche Überlegungen sogar Auslöser dafür, daß Gödel sich in den letzten Jahren seines Lebens für die Literatur über Geister und Dämonologie interessiert hat.
Bevor wir genauer auf die einzelnen Forschungsergebnisse Kurt Gödels eingehen, starten wir im folgenden Kapitel eine „Zeitreise" in die Vergangenheit Gödels und kehren zurück an den Ort seiner Jugend.

2. Kindheit und Jugend

Der multikulturelle Hintergrund der österreichisch-ungarischen Monarchie, aber auch die spezifische jahrhundertealte Tradition der Kabbala, mit ihrer mystischen Sehnsucht und ihren exakten Analysen, sind wichtige Faktoren in der Geschichte der Familie Gödel in Brünn, einer Stadt, der u. a. Ernst Mach, Gustav Meyrink und Adolf Loos entsprangen.

Seine Kindheit verbrachte Kurt Gödel in Brünn, das um die Jahrhundertwende eine der Prunkstädte der Monarchie war. Brünn, die Hauptstadt Mährens, war damals mehrheitlich eine deutschsprachige Stadt.

Die Monarchie, ein Vielvölkerstaat, der ähnlich wie das Commonwealth regiert wurde, litt zu dieser Zeit bereits schwer am Nationalitätenproblem. Die Wurzeln dieses brisantesten politischen Konfliktes reichten bis ins 14. Jahrhundert zurück. Die ungarische Slowakei rieb sich nicht nur sprachlich mit den Tschechen und der deutschsprachigen Gruppe, auch mit Mähren und Böhmen, wo die deutschsprachige Bevölkerung dank des österreichischen Herrschaftsgeschlechts bedeutenden Einfluß hatte, gab es zunehmend Zwistigkeiten. Die deutschsprachige Gruppe war aber selbst in sich politisch gespalten. Während ein Teil die Annäherung an Deutschland suchte, orientierte sich der andere Teil an Österreich, das damals noch die Führungsmacht im süddeutschen Raum war.

Gleichzeitig hatte dieser Vielvölkerstaat einen „Culture-Clash" bewirkt, der für die Entwicklung der gesamten Monarchie äußerst fruchtbar war. Dabei spielten Böhmen und Mähren, Prag und Brünn, eine zentrale Rolle. Ihre große geistige Tradition reichte von der Mystik

Jakob Böhmes (1575–1624) bis zur scharfen Analytik eines Ernst Machs (1838–1916), der zum Urvater der analytischen Wissenschaftsphilosophie des Wiener Kreises wurde.

Franz Kafkas (1883–1932) Empirie der Entfremdung und Gustav Meyrinks (1868–1932) Erfindung des „Golem" als kabbalistische Schöpfung künstlicher Intelligenz setzten die Tradition kabbalistischer Mystik fort.

Andere berühmte Persönlichkeiten aus Brünn und dessen Umgebung waren: Gregor Mendel (1822–1884), der Entdecker der genetischen Gesetze, und die Architekten Josef Hoffmann (1870–1956) und Adolf Loos (1870–1933). Hoffmann gehörte zu den Begründern der Wiener Werkstätten (eine Form des Art Deco). Loos hingegen verfocht eine ornamentlose, kühle, konstruktivistische Bauweise, welche das „Bauhaus" antizipierte.

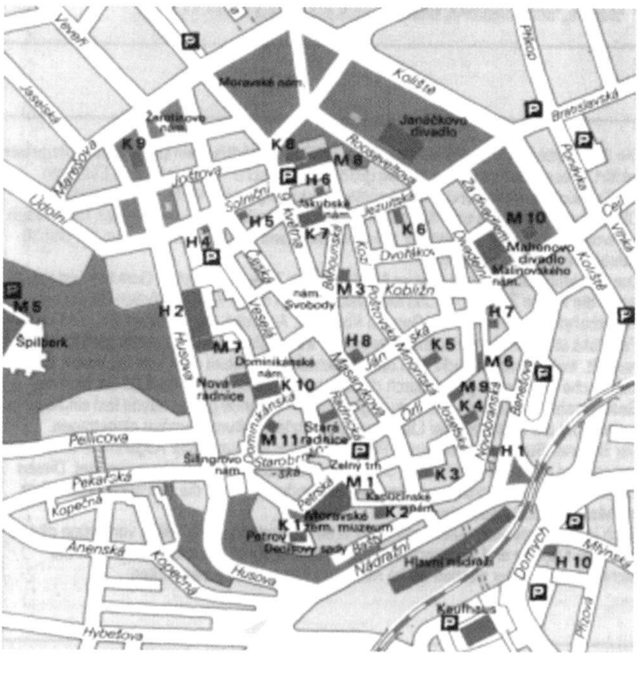

Brünn - Altstadt

Wer an die Wichtigkeit des kulturellen Milieus für die Entfaltung einer Begabung glaubt, kann in dieser Tradition der minutiösen Analyse und der gleichzeitigen mystischen Sehnsucht nach Überwindung menschlicher Grenzen die idealen Voraussetzungen für die geistige Entwicklung des jungen Gödels sehen.[15]

Das reich von Ideen gesättigte Klima wurde durch einen rapiden industriellen Aufschwung, insbesondere in der Textilindustrie, die hauptsächlich in der Hand der deutschsprachigen Bevölkerung war, ermöglicht. (Auch Kafkas Vater war in dieser Branche tätig.)

Die wohlhabenden Industriellen wohnten in den Villenvierteln, wo der Jugendstil bevorzugt wurde. Aber wie alle schnell zu Reichtum gekommenen Städte, hatte Brünn auch seine Schattenseiten: Elendsviertel, wo billige Arbeitskräfte und Dienstboten – meist tschechischer Herkunft – wohnten.

Gustav Handschuh und Rosita Bartl

In der Mitte des 19. Jahrhunderts zog Gustav Handschuh, der Großvater Kurt Gödels, in diese aufstrebende Stadt. Er kam aus dem Rheinland, wo er als Weber gearbeitet hatte. Er machte Karriere in der Textilindustrie bei der Firma Schöller in der Zeile 48 (heute Bratislavska). Seine sehr traditionsbewußte Frau, geborene Rosita Bartl, stammte aus der deutschen Sprachinsel Iglau.

Die Großeltern Handschuh lebten in der Bäckergasse 9 (Pekorska), im zweiten Stock eines typischen Biedermeierhauses mit Innenhof und offenen Gängen, wo sich die Nachbarn am Abend zum Plaudern trafen.

Hier wuchs auch ihre Tochter Marianne (1879–1966) auf, die später die Mutter von Kurt Gödel werden sollte. Sie hatte noch eine Schwester und zwei Brüder. Im selben Haus, im ersten Stock, wohnte der ebenfalls in Brünn geborene Rudolf Gödel (1874–1929), der spätere Vater von Kurt Gödel, bei seiner Ziehmutter, der Tante Anna.

Marianne und Rudolf Gödel sen.

Der väterliche Teil der Familie kam aus Österreich.[16] Die Eltern von Rudolf Gödel stammten aus Wien, wo sie sich auch vorwiegend aufhielten. Nach dem (mutmaßlichen) Freitod seines Vaters wurde Rudolf Gödel von Wien endgültig zur Tante Anna gebracht. Die Großeltern Handschuh hatten guten Kontakt zu Tante Anna. Oft wurde gemeinsam musiziert und Theater gespielt. So haben sich Marianne und Rudolf bereits frühzeitig kennengelernt.

Bald nach der Hochzeit bezog das junge Ehepaar eine Wohnung in der Gomperzgasse 15 (Bezrucova), wo 1902 der erste Sohn, Rudolf, geboren wurde. Später übersiedelten sie zurück in die Straße ihrer Kindheit, in die Bäckergasse Nr. 5 (Pekorska), gleich neben dem Haus Nummer 9, wo die Großeltern Handschuh und Tante Anna wohnten.

Baby Kurt, neben Bruder Rudolf

In diesem Haus hat am 28. 4. 1906 der Genius Mathematicus Kurt Friedrich Gödel das Licht der Welt erblickt.

Kurt mit Puppe und Rudolf mit Reifen

Rudolf Gödel über seinen Bruder:

„Es war ein harmonisches Familienleben. Ich verstand mich mit meinem Bruder sehr gut und ebenso wir beide mit unseren Eltern. Im Alter von etwa 8 Jahren hatte mein Bruder einen schweren Gelenkrheumatismus mit hohem Fieber, und seither war er etwas hypochondrisch und bildete sich ein, einen Herzfehler zu haben, was aber medizinisch nie nachgewiesen wurde.“ [17]

Kurt Gödel war im allgemeinen ein glückliches, aber schüchternes Kind. Er war empfindsam und wurde wegen seiner großen Neugierde „Herr Warum“ genannt.

Vor Beginn des Ersten Weltkrieges zog die Familie Gödel von der Bäckergasse in eine eigene Villa in der Spielberggasse 8a (Pellicova). Wie Großvater Gödel hat auch Vater Gödel in der Textilindustrie Karriere gemacht und wurde bei der großen Fabrik Redlich in der Strassengasse (Hybesova/Vaclavska 42–44) Teilhaber und Direktor.

Familie Gödel

Das Einkommen eines Fabrikdirektors gestattete Rudolf Gödel sen. und seiner Familie einen hohen Lebensstandard. So fuhren sie z. B. einen der ersten Chryslers. Die Villa, in der sie wohnten, besaß einen ausgedehnten Garten mit Gartenhäuschen am südlichen Hang des Spielbergs (hrad spilberk).

Garten mit Gartenhäuschen

Mit dem Fernrohr konnten die Kinder vom Dachboden aus die Steinverzierungen am gotischen Dom zu St. Peter und Paul sehen. Bei klarer Sicht konnte man bis an die Grenzen von Niederösterreich schauen und die vom Bahnhof nach Wien abfahrenden Züge beobachten. In der anderen Richtung blickten sie von den Fenstern der Villa auf das berüchtigte Gefängnis am Gipfel des Spielbergs.

Mit sechs Jahren trat Kurt Gödel in die evangelische Privatschule ein. Von 1916 bis 1924 war er ein äußerst begabter und strebsamer Schüler am deutschen Staatsrealgymnasium in der Strassengasse (Hybesova). Er hatte von der ersten Klasse Volksschule bis zum Abschluß des Realgymnasiums fast nur Einser.

Deutsches Staatsrealgymnasium in Brünn (links)

Rudolf Gödel über seinen Bruder:

„Er war ein ausgezeichneter Schüler, der anfangs an Sprachen, später an Geschichte und noch später an Ma-

Bruder Rudolf

thematik interessiert war. Auf Lateinschularbeiten hatte er immer die beste Note."[18]

Mit 14 erwachte sein Interesse für Mathematik und Geometrie; mit 16 studierte er bereits Kant, den er für seinen eigenen Weg als wichtigen Beginn ansah.

„Nach dem Krieg waren wir mehrmals mit meinem Bruder in Marienbad, und ich erinnere mich, daß wir einmal gemeinsam die Goethe Biographie von Chamberlain gelesen haben. Und er hatte sich mehrmals besonders für die Farbenlehre Goethes interessiert. Das ist auch ein Grund für seine naturwissenschaftlichen Interessen. Auf jeden Fall bevorzugte er Newtons Analyse des Farbspektrums vor der Goethes."[19]

Zu seiner Mutter hatte Kurt Gödel ein enges Verhältnis:

Mutter Gödel

„Mit seiner Mutter hat er sich besonders gut verstanden, sie spielte ihm oft am Klavier seine Lieblingsmelodien (leichte Musik) vor. Wenn ich mit meinen Eltern spazierenging, blieb er oft lieber mit einem Buch zu Hause."[20]

Seine Liebe zur leichten Musik erhielt Kurt Gödel sich Zeit seines Lebens und zog die Walzer von Strauß der Musik Bachs oder Wagners vor.

„Er konnte die Natur bewundern, aber eine richtige Liebe zur Natur, wie sie unsere Mutter im hohen Maß besaß, zeigte er kaum. Wenn auch mein Bruder sich vielleicht etwas weniger eng an die Familie anschloß und früher eigene Wege ging, so war er besonders in den späteren Jahren, als er etwas kränklich war, Mutters besonderes Sorgenkind".[21]

Nach dem Zusammenbruch der Monarchie, als Folge des ersten Weltkrieges, hatte die deutschsprachige Minorität im neuen Nationalstaat einen schweren Stand und mußte sich entweder zum Slawentum bekennen – um der Diskriminierung zu entgehen – oder sich für Österreich bzw. Deutschland entscheiden.

Obwohl die beiden Brüder ein bißchen tschechisch in der Schule gelernt hatten, waren sie durch ihre Herkunft für eine Hinwendung zur deutschsprachigen Kultur prädestiniert. Statt Prag wählten sie deshalb Wien als Studienort.

3. Studium in Wien

Die Zwischenkriegszeit stellte einen der Höhepunkte kultureller Originalität Wiens dar. In diese Stadt des Wiener Kreises, der Psychoanalyse, der Zwölftonmusik, der Sprach- und Gesellschaftskritik von Karl Kraus und Ludwig Wittgenstein übersiedelte Kurt Gödel im Jahre 1924.

Auf Grund ihres gehobenen sozialen Status war es der Familie Gödel möglich gewesen, sowohl die Katastrophe des 1. Weltkrieges wie auch dessen Folgewirkungen zu vermeiden bzw. zu überwinden.

Trotz der politischen, sozialen und ökonomischen Unruhen der Zwischenkriegszeit in den noch nicht gefestigten Nationalstaaten Tschechoslowakei und Deutsch-Österreich konnte die Familie Gödel ihr normales, ruhiges Leben wohletabliert weiterführen. Solange der Vater noch am Leben war, konnte er den Söhnen ein sorgenfreies Studium ermöglichen.

1920 ging Rudolf Gödel nach Wien, um an der Universität Medizin zu studieren.

„Alle meine Lehrer oder Prüfer waren ja weltberühmte Leute: Der Internist war Wenckebach, der Chirurg war Eiselsberg, der Kinderarzt war der Birkee, Neurologe war der Wagner-Jauregg, also tatsächlich ein Mann größer als der andere.“ [22]

Vier Jahre später, im Herbst 1924, folgte Kurt Gödel seinem Bruder nach. Die erste Wohnung, in der er bis April 1927 gemeldet war, befand sich in der Florianigasse 42, im 8. Wiener Gemeindebezirk. Der reich begabte junge Mann aus einer wohlsituierten Familie kam in ein äußerst fruchtbares kulturelles Milieu.

Kurt Gödel im Alter von 20 Jahren

Der junge Gödel inskribierte zuerst Mathematik, Physik und Philosophie. Ursprünglich wollte er theoretische Physik studieren. Er besuchte die Vorlesungen Hans Thirrings, die im großen Hörsaal für theoretische Physik in der Strudelhofgasse 4 im 4. Stock stattfanden. Im selben Gebäude war auch das mathematische Institut untergebracht. Erst nach zwei Jahren – ab 1926 – konzentrierte sich Gödel auf Mathematik als Hauptfach. Seine Lehrer am mathematischen Institut waren: Hans Hahn (Gründungsmitglied des Wiener Kreises), Karl Menger (der Sohn des berühmten Nationalökonomen Carl Menger), Philipp Furtwängler (der Cousin des Dirigenten) und Wilhelm Wirtinger.

Hans Hahn

Prof. Edmund Hlawka über Kurt Gödel:

„Er war natürlich am stärksten beeinflußt von Hans Hahn und Karl Menger. Er hat deren Vorlesungen über Mengenlehre und Reelle Funktionen besucht. Auch die Vorlesungen über Zahlentheorie von Furtwängler hat er besucht. Und das war ja, glaube ich, für ihn die Anregung, die Methoden der Zahlentheorie auf die Logik anzuwenden. Eben die Sätze der Logik und der Mathematik durch natürliche Zahlen abzubilden, was man heute die Gödelisierung nennt“.[23]

Philipp Furtwängler

Wilhelm Wirtinger

Seine bedeutendsten Lehrer in Philosophie waren Moritz Schlick, Heinrich Gomperz (der Sohn des berühmten Altphilologen) und später auch Rudolf Carnap. Sie hielten ihre Vorlesungen im Hauptgebäude der Universität Wien.

Viele seiner Lehrer waren Mitglieder des Wiener Kreises. Bereits während des Studiums fand Gödel Anschluß an den Wiener Kreis und beteiligte sich ab 1926 regelmäßig an den Sitzungen. Ab Oktober 1929 besuchte er oft Karl Mengers Kolloquien, die im Zeichensaal des mathematischen Institutes stattfanden. Als äußerst intensiver Teilnehmer hatte Gödel damals seine produktivste und lebhafteste Zeit. Er traf dort viele Fachgelehrte und Kollegen, wie z. B. Alfred Tarski, Johann von Neumann und Abraham Wald. Karl Menger, der Herausgeber der „Ergebnisse eines mathematischen Kolloquiums“, machte Gödel – neben Georg Nöbeling und Franz Alt – bald zum Mitherausgeber. Gödel selbst publizierte zu dieser Zeit ungewöhnlich viel: dreizehn Artikel in den Jahren von 1929 bis 1937.

Karl Menger

In den Kolloquienkreisen galt Gödel als außerordentliche Begabung. Seine Gesellschaft wurde gesucht, und er führte noch ein offenes gesellschaftliches Leben[24], während er sich später in den USA so gut wie gänzlich aus der Öffentlichkeit zurückzog.[25]

Von Oktober 1927 bis Juni 1928 wohnte Gödel in der Währingerstraße 33. Im selben Haus befand sich das „Café Josefinum“, das er oft mit seinen Kollegen vom Wiener Kreis besuchte. In der Langegasse 72 wohnte Gödel von Juli 1928 bis November 1929 in einer geräumigen Wohnung, die eigentlich für seine Eltern vorgesehen war, wenn diese einmal die Absicht hatten, nach Wien zu kommen.

Schräg vis-à-vis von seiner Wohnung lebte seine spätere Frau Adele Nimbursky, die zu dieser Zeit noch mit einem Photographen verheiratet war und im Vergnügungslokal „Nachtfalter" am Petersplatz 1, im ersten Bezirk, auftrat. Während der Arbeit an seiner Dissertation ist Kurt Gödel wahrscheinlich der attraktiven Adele in der Langegasse zum ersten Mal begegnet.

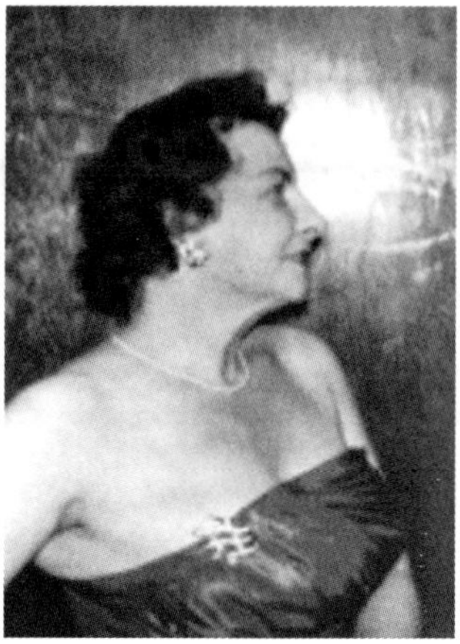
Adele Nimbursky

Nachdem Gödels Vater am 23. 2. 1929 im Alter von 54 Jahren starb, übersiedelte seine Mutter nach Wien.

„Damit brach für uns alle, besonders aber für unsere Mutter, eine ganze Welt zusammen. Sie war monatelang in einem Zustand, der das Schlimmste befürchten ließ. So konnten wir sie unmöglich allein in Brünn lassen – die Villa mit dem Garten wurde vermietet, und unsere Mutter, mein Bruder und ich bezogen eine große Wohnung in der Josefstadt, dem Ärzteviertel von Wien".[26]

In der Josefstädterstraße 43 wohnte die Familie Gödel bis November 1937. Diese Familienwohnung ist der wissenschaftlichen Gemeinschaft noch am ehesten bekannt. Hier verfaßte Kurt Gödel zwischen 1929 und 1937 seine berühmten Schriften; von hier aus korrespondierte er mit Mathematikern aus aller Welt: Ernst Zermelo in Freiburg, Jacques Herbrand in Paris, Oswald Veblen in Princeton, Paul Bernays in Zürich und Johann von Neumann, dem Weltbürger.

Unter Anleitung der gebildeten Mutter pflegte die Familie Gödel einen intensiven Umgang mit der bürgerlichen Kultur. Mutter und Söhne hatten u. a. ein Abonnement im Theater in der Josefstadt. Die Josefstadt war eine ehemalige Vorstadt Wiens, die anläßlich der Krönung von Kaiser Josef I ihren Namen erhielt. Adel, Klerus und das wohlhabende Bürgertum errichteten hier ihre Palais, Kirchen und noblen Bürgerhäuser.

Zu Gödels Lieblingsautoren gehörten Johann Wolfgang von Goethe, Franz Kafka, Erich Kästner, Stefan Zweig, Arthur Schnitzler, Franz Werfel und Heimito von Doderer.

Maria Cebotari

In der Musik schätzte Kurt Gödel die italienische Oper, die Wiener Operetten von Johann Strauß und die Opern von Richard Strauss. Besonders verehrte er die Sängerin Maria Cebotari. Sebastian Bach und Richard Wagner verabscheute er.

Die Lieder, die er gern hörte, waren aus dem Repertoire der damaligen „leichten" Musik: „Am Brunnen vor dem Tore", „Oh, mein Papa", die „Barcarole" aus „Hoffmanns Erzählungen" von Jacques Offenbach. Ihm gefielen aber auch amerikanische Schlager wie „Harbour Lights" oder „The Wheel of Fortune".

In der Bildenden Kunst bevorzugte Gödel den Surrealismus und die Abstrakte Kunst. So oft er später nach New York kam, besuchte er das Museum of Modern Art.

4. Der Wiener Kreis

Alle Lehrer Gödels waren bedeutende Mitwirkende in den wissenschaftlichen Diskussionen ihrer Zeit, und viele waren Mitglieder des Wiener Kreises, dessen Wichtigkeit in der Modernisierung philosophischer und erkenntnistheoretischer Fragen liegt. Die Polarität von Welt, Sprache und Wissenschaft war Zentrum ihres Anliegens, und Gödels Entdeckung war auch die der Beschränktheit der Sprache.

In den Jahren von 1900 bis 1930 gab es in Wien eine wissenschaftliche und kulturelle Hochblüte: Ein goldenes Quadrupel aus Physik, Psychologie, Philosophie und Ökonomie formte die Schwelle des 20. Jahrhunderts.

Es gab mehrere Gruppen von Musikern, Literaten, Malern, Wissenschaftlern und Philosophen, die sich regelmäßig trafen. Die für uns relevanteste Gruppe war der später in die Wissenschaftsgeschichte als „Wiener Kreis" eingegangene Schlick-Zirkel, benannt nach seinem Mittelpunkt Moritz Schlick (1882–1936), einem der Philosophielehrer Gödels. Dieser Kreis trat 1928 mit seiner Publikation „Wissenschaftliche Weltauffassung: Der Wiener Kreis" an die Öffentlichkeit.

Fassade der Universität Wien / Heinrich Gomperz, Kurt Gödel, Moritz Schlick, Rudolf Carnap

Der „Wiener Kreis", ursprünglich aus dem „Verein Ernst Mach" hervorgegangen, wollte die analytische Tradition von Ernst Mach fortführen. Mach hatte gelehrt, daß die begriffliche Analyse der Widersprüche von Theorien einen Fortschritt in der Naturerkenntnis mit sich bringt. Seine begriffs-

Selbstbetrachtung (Fig. 1 aus: Die Analyse der Empfindungen)

analytische Methode, die er in Büchern wie „Geschichte der Mechanik" und „Die Analyse der Empfindungen" exponierte, zeitigte sowohl ihre Wirkung für die Wissenschaft wie auch für die Kultur. Durch die Explikation und Dekonstruktion der physikalischen Begriffe hat Mach das Feld für die Einsteinsche Relativitätstheorie vorbereitet. Insbesondere seine Kritik der Newtonschen Mechanik mit ihrer Vorstellung der absoluten Zeit, des absoluten Raumes und des invarianten Trägheitsprinzips war von großer historischer Bedeutung. Sein theoretischer Ansatz beeinflußte aber auch Künstler, Philosophen und Ökonomen und prägte den Diskurs der Jahrhundertwende.[27]

Lenin fürchtete Machs Einfluß auf die kulturelle und politische Szene und verfaßte 1909 die polemische Streitschrift „Materialismus und Empiriokritizismus".

Noch heute ist Ernst Mach insgeheim Teil der allgemeinen Kultur. Als Beispiel dafür sei die nach Mach benannte „Machzahl" angeführt. Sie gibt das Verhältnis der Geschwindigkeit eines Körpers zur Schallgeschwindigkeit an. Bereits zu seiner Zeit stand Mach im Zentrum wissenschaftstheoretischer Diskussionen, die sich um das Dreieck Welt – Sprache – Wissenschaft entspannten. Dieses Feld prägte schließlich auch den Kern der Gödelschen Entdeckung. Die Erarbeitung einer Metatheorie der Mathematik muß vor dem Hintergrund jahrzehntelanger Beschäftigung mit diesen Fragen gesehen werden. Die Gödelisierung des mathematischen Begriffes „Beweis" stellt dessen Präzisierung dar und entspricht damit den wissenschaftlichen Ansprüchen des 20. Jahrhunderts.

Moritz Schlick

Hans Hahn (1879–1934), Professor für Mathematik und Lehrer Gödels, war der eigentliche Begründer des „Wiener Kreises". Er hatte 1922 Moritz Schlicks Berufung nach Wien bewirkt und ermöglichte es seinem Studenten Karl Menger (1902–1985), der inzwischen zwei Jahre bei Brouwer Assistent war, ab 1927 als außerordentlicher Professor zu lehren. Gemeinsam mit Hahns Studienfreunden Philipp Frank (1884–1966) und Otto Neurath (1882–1945) verwirklichten sie den Traum einer kreativen Zelle des wissenschaftlichen Fortschritts in Wien.

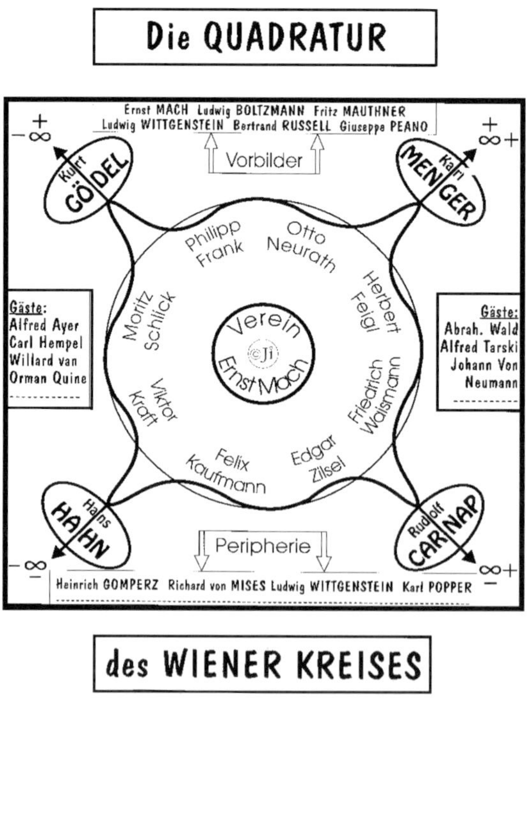

Otto Neurath war der Organisator des „Wiener Kreises" und zugleich der Leiter der linken und an gesellschaftlichen Veränderungen interessierten Fraktion, die sich regelmäßig im Volksheim Wien Ottakring traf. Wie viele andere mußte er 1934 vor den Austrofaschisten unter Dollfuß fliehen.

Rudolf Carnap

Rudolf Carnap (1891–1970), ein weiterer Lehrer und späterer Gesprächspartner von Gödel, war der radikalste Philosoph des „Wiener Kreises" und wurde nach seiner Emigration dessen berühmtester Vertreter in Amerika.

Die Sitzungen des „Wiener Kreises" fanden in den Jahren von 1924 bis 1933 regelmäßig jede Woche am Donnerstag im mathematischen Institut, Strudelhofgasse 4, im 9. Bezirk, um 18 Uhr statt.

Zu den genannten zentralen Persönlichkeiten des „Wiener Kreises" (Hahn, Neurath, Schlick, Carnap, Frank) gehörten noch Herbert Feigl, Karl Menger, Viktor Kraft, Felix Kaufmann, Friedrich Waismann, Edgar Zilsel und andere, flankiert von zahlreichen ausländischen Gästen (von Alfred Ayer über Carl Hempel bis zu Willard Van Orman Quine).

Um Heinrich Gomperz, Richard von Mises, Karl Popper und Ludwig Wittgenstein bildeten sich an der Peripherie lose Diskussionsrunden mit osmotischem Verhältnis zum Kern dieser modernistischen Erneuerungsbewegung.

Gödel wurde erst 1926, zu Beginn seines intensiven Mathematikstudiums, Mitglied des „Wiener Kreises". Hier und in dem von Karl Menger veranstalteten Kolloquium fanden die Dispute statt, wo oftmals die logische

Avantgarde von Johann von Neumann (1903–1957) bis Alfred Tarski (1901–1983) debutierte. Bei einem dieser Zusammentreffen referierte Gödel zum ersten Mal über seine Forschungsresultate.

Die jahrzehntelangen Gespräche über das dreipolige Gespann von Welt, Sprache und Wissenschaft drehten sich um die Frage nach dem Status unserer Erkenntnisse und deren Aussagbarkeit. Die neuere mathematische Logik – besonders Freges Formalisierungen –, Machs Kritik der tradierten Wissenschaftssprache und Mauthners nominalistische Sprach- und Gesellschaftskritik und besonders Russels Ausarbeitung der Konzepte von Peano führten zu präziseren Neuformulierungen und Ansprüchen. Das Ziel war die Begründung einer wissenschaftlichen Philosophie unter einer neuen Perspektive, wie Wissenschaft und Welt mittels der Logik zusammenhängen. Nach der Meinung der Anhänger des Wiener Kreises produzierten die traditionellen Philosophen nämlich nichts anderes als „Wortmusik" und „Begriffsdichtung" – ein Schreibstil, der heute nur mehr von manchen Künstlern perfekt beherrscht wird.

Die Vernichtung der Metaphysik war das vordringliche Anliegen des Wiener Kreises. Dazu mußte man zunächst die metaphysischen Sätze von den wissenschaftlichen abgrenzen, wofür Schlick die Verifizierbarkeit als Kriterium forderte. Sein Assistent Waismann sekundierte: „Kann auf keine Weise angegeben werden, wann ein Satz wahr ist, so hat der Satz überhaupt keinen Sinn; denn der Sinn eines Satzes ist die Methode seiner Verifikation." Weiters betrachtete man es als eine historische Aufgabe der Philosophie, die Einheit der Erkenntnis herzustellen. Man wollte alle Wissenschaften auf eine Grundwissenschaft reduzieren, als welche die Physik angesehen wurde. Das reduktionistische Konzept hatte im Fall der Chemie und Biologie zu großen Erfolgen geführt. Daher stellten Neurath und Carnap die Forderung auf: Jeder Satz einer beliebigen Sprache muß in die Sprache der Physik übersetzt werden können.

Ludwig Boltzmann (1844–1909)

Ludwig Boltzmanns Erhebung der statistischen Wahrscheinlichkeit zur allgemeinen Methode der Analyse in der Physik ermöglichte die Berücksichtigung einer großen Anzahl von Faktoren. „Die Statistik sollte den Einfluß des unendlichen Universums auf das nahezu isolierte Teilsystem in Bausch und Bogen zu berücksichtigen gestatten."[28]

Boltzmanns Formel für den von ihm entdeckten Entropiesatz war eine der ersten Anwendungen der statistischen Methode.[29] Der Impuls zur Entwicklung der mathematischen Logik kam so nicht nur von seiten der Mathematiker selbst, sondern auch von den Veränderungen in der modernen Physik. (Gödel studierte in den ersten beiden Jahren theoretische Physik und entwickelte später eine neue Lösung für die Feldgleichung von Einstein.)

Modelle als Weltbilder

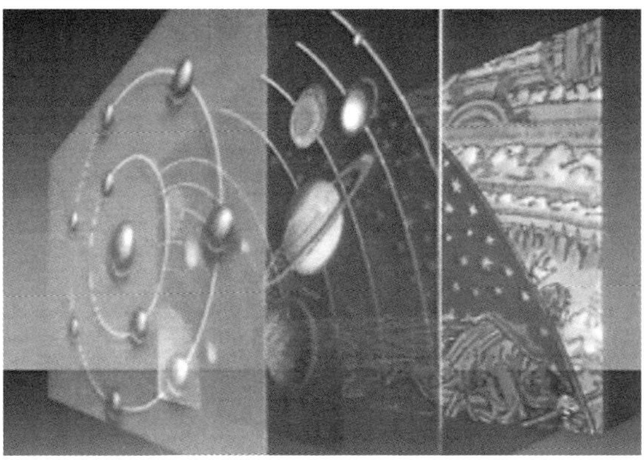

Als Verfechter der Atomistik wurde Boltzmann durch seinen Modellbegriff für den „Wiener Kreis" bedeutend. Dieser Modellbegriff implizierte die Ansicht, daß unsere Wissenschaft nicht die Natur selbst, sondern nur Modelle der Natur erfaßt; so wie das Planetensystem ein Modell für den Aufbau des Atoms war. Diese Modelle ändern sich je nach unseren Theorien und müssen:

1) logisch widerspruchsfrei sein,

2) empirisch überprüft sein (d. h. mit den experimentellen Daten übereinstimmen),

3) ein Maximum an Information besitzen und

4) denkökonomisch (d.h. minimal redundant) sein. [30]

Diese Präzisierung einer Modelltheorie hängt mit Boltzmanns Methode eng zusammen, spielte bereits in der Quantenphysik eine große Rolle und leitet heute die Konzeption moderner Datenbanken in der Computerwissenschaft.

Ludwig Wittgenstein (1889–1951)

Wittgensteins Frühwerk, sein „Tractatus Logico-Philosophicus“, in dem eine mathematisch-logische Auffassung der Sprache vorgetragen wurde, spielte eine wichtige Rolle bei den Treffen des „Wiener Kreises“. Sowohl dieses Werk wie auch Wittgensteins Auffassung der Mathematik und seine Auseinandersetzung mit Russell, der ja auch für Gödel Ausgangspunkt war, waren Themen der Sitzungen des „Wiener Kreises“. [31]

In seinem „Tractatus“ vertrat Wittgenstein eine logistische Sprachphilosophie, der eine eindeutige Abbildung der Welt in Satzformen zugrunde lag. Diese eindeutige Beziehung entspricht auch der Funktionsweise des Computers, dessen erstes Konstrukt von einem Freund Gödels, Johann von Neumann, entwickelt wurde. Gödel selbst hat Wittgenstein nie persönlich kennengelernt, sondern nur beim Vortrag von Brouwer gesehen. Gödel stand Wittgensteins späterer Auffassung der Sprache und der Mathematik als Sprachspiel und Lebensform sehr distanziert gegenüber.

Die Bandbreite der theoretischen Spannungen über unser Thema zeigt sich in Wittgensteins Distanzierung vom „Wiener Kreis", der mit seinem Manifest von 1929 etwas polemisch wirkte. Wittgenstein selbst revidierte in seinen „Logischen Untersuchungen", seinem posthum erschienenen Spätwerk, die mathematisierte Analyse der Sprache und näherte sich immer mehr einer sozio-kulturellen Interpretation der Sprache.

Obwohl von der entgegengesetzten Annahme ausgehend, distanzierte sich Gödel von der syntaktisch-formalen Auffassung der Carnapschen Interpretation von Wissenschaft und Mathematik. Er war, wie er selbst sagte, zeit seines Lebens „Realist" und „Platonist" und suchte sogar, einen ontologischen Gottesbeweis zu erbringen.

Die Bedeutung der Frage nach der Tragfähigkeit von Sprache, Logik und Metasprache in diesen Jahrzehnten spielte auch beim „Lehrer" Wittgensteins, Fritz Mauthner (1849–1923), die zentrale Rolle seiner kritischen Gesellschaftstheorie. Mauthner sah in der „realistischen" Position, die den allgemeinen Begriffen Existenz zuschrieb, einen der Hauptgründe für erfolgreich funktionierende Machtmechanismen. Dieser „Wortaberglaube" führte aber auch zu einem falschen Ansatz in der wissenschaftlichen Analyse. So stand er in der Nähe des Machschen Standpunktes. Aus einem Brief an Mach: „Auf Leute, die der Sprachwissenschaft näher stehen als ich, wird das Buch (Beiträge zur Kritik der Sprache I-III) erst recht revolutionierend wirken und sie aus dem 'dogmatischen Schlummer' wecken."[32]

Aus dieser nominalistischen Position heraus vertrat Mauthner die Auffassung der spiegelartigen Bezogenheit von Sprache und Welt, die auch von Carnap und Wittgenstein, wenn auch in anderer, logisch-präziser Form vorgetragen und entwickelt wurde. Wittgenstein wandte sein Prinzip „Die Grenzen meiner Sprache bedeuten die Grenzen meiner Welt" auch auf die Mathematik an. Das hieße, daß die Mathematik sich nur mit solchen Objekten befassen kann, die sich auch in der Sprache der Mathematik formulieren lassen. Implizit wird hier die Möglichkeit der Wahrheitsfindung von mathematischen Sachverhalten mit den sprachlichen Mitteln der Mathematik vorausgesetzt.

Die formalisierte Sprache der Mathematik ist die Prädikatenlogik samt ihren Beweismechanismen. Diese Logik entstand durch eine Schematisierung der Sprache im Sinne der Linguistik (durch Aufstellen grammatikalischer Regeln, Formen des Satzaufbaus, Subjekt-Objekt-Prädikat etc.).

David Hilbert

An diesem Punkt liefen die Leistungen und Aufgaben der Mathematik und der Wissenschaftstheorie parallel.

David Hilbert (1862 – 1943) wollte mit Hilfe der Prädikatenlogik die Mathematik formalisieren. Im damaligen Zentrum der Mathematik, in Göttingen, wurde unter seiner Leitung die Sprache bloß als formales Werkzeug angesehen, mit der man Beweise erstellen konnte. Im „Wiener Kreis" hingegen wurde die Sprache als philosophisches Sujet thematisiert und im Sinne einer sprachkritischen Theorie in Frage gestellt. In zahlreichen Diskussionen, die sich über Jahrzehnte erstreckten, und natürlich bei den Gesprächsrunden des „Wiener Kreises" hat Gödel sowohl eine vertiefte Tradition wie auch unmittelbar seine Inspiration gefunden, die ihn von der formalen Auffassung der Sprache wegführte und ihn für eine intuitive Sichtweise und einen sprachkritischen Realismus sensibilisierte. Außerdem scheint er auch von seiner Persönlichkeit her diesem Zugang näher gestanden zu haben, denn bereits 1925, also ein Jahr vor seinem Mathematikstudium, verstand er sich als platonistischer Realist.

Wenn Kurt Gödel nicht in Wien studiert hätte, wäre er wahrscheinlich nie dieser „Grenzgänger" geworden und hätte vielleicht auch nicht seinen „Unvollständigkeitssatz" gefunden und mathematisch exakt bewiesen.

Seine berühmte Entdeckung widerlegte so Hilberts Programm und gleichzeitig Wittgensteins Prinzip, daß die Grenzen der Sprache die Grenzen der Welt seien. Später, in seiner zweiten philosophischen Phase, würdigte Wittgenstein Gödels Entdeckung als einen neuen Ansatz zur Lösung des Beweisproblems.

Im Gegensatz zu Hilbert und Wittgenstein durchschaute Gödel, daß die Tragfähigkeit der Sprache ungenügend ist, und er zeigte mit den Mitteln Hilberts die Grenzen Formaler Systeme auf.

Welt>Sprache<Denken

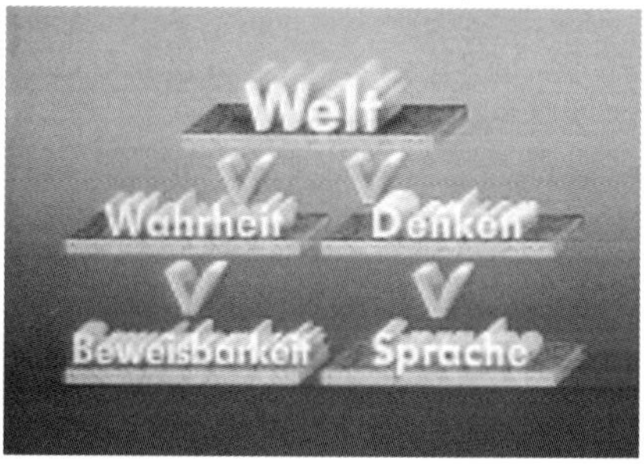

Die mathematische *Welt* ist vielfältiger (und in diesem Sinne stärker) als die mathematische *Sprache*.

Die Sprache ist manchmal präziser als das *Denken*, jedoch zugleich schwächer in dem Sinne, daß ihre Syntax nicht alle Modellvorstellungen nachzuvollziehen gestattet.

Das, was bewiesen werden kann in und mit der *Sprache*, ist weniger als die *Wahrheitsfähigkeit* des *Denkens*. Und das wiederum ist weniger (und in diesem Sinne schwächer) als das, was in der *Welt* möglich ist.

Nur in einem Augenblick höchster Konzentration des Wissens an einem Ort, dem damaligen Wien der 20er und 30er Jahre, konnte ein solches Meisterwerk gelingen. Gödel hat das Labyrinth der Selbstreflexion mit mathematischen Mitteln aufgezeigt. Er konnte die Wege ins Labyrinth und die Wege aus dem Labyrinth nach rationalen Regeln durchleuchten.

5. Politik und Wissenschaft

Mit dem Niedergang der Ersten Republik und der Installierung eines faschistischen Regimes in Österreich (1933) wurden die Bestrebungen der Modernisierung zerstört. Die Verfolgung gesellschaftskritischer Kräfte und das Verbot der Sozialdemokratischen Partei, mit der fast alle Vertreter des „Wiener Kreises" sympathisierten, lösten einen allgemeinen Exodus dieser Philosophen, Mathematiker, Physiker ... aus, der durch Hitlers „Anschluß" von Österreich ans Deutsche Reich vollendet wurde.

Gödel verließ Wien im Jänner 1940 in Richtung Princeton.

In den 30er Jahren begannen langsam die politischen Umwälzungen in Österreich ihr wahres Gesicht zu zeigen und den Untergang der wissenschaftlich-kulturellen Hochblüte einzuleiten. Längst schon war die österreichische Gesellschaft der Ersten Republik nur mehr Fassade, die zwar noch immer eine Architektur des schönen Scheins aufwies, aber innerlich durch ihre Widersprüche bereits hohl geworden war. Die Verbote der Gewerkschaften und der Sozialdemokratischen Partei 1934, die Einschränkung der Pressefreiheit und die Verfolgung gesellschaftskritischer Kräfte zerschnitten das Band zwischen den fortschrittlichen Ideen und dem gesellschaftlichen Leben und trockneten die Kultur von innen aus.

Der österreichische Faschismus und der deutsche Nationalsozialismus erscheinen uns heute als ein Feldzug der alten Kräfte gegen die neue Welt der rationalen Wissenschaft. Zweck und Mittel der Wissenschaft wurden voneinander abgekoppelt und ein paranoides

Herrschaftsgebilde wurde aufgebaut.

Universität Wien

Bereits seit 1928 war die Mehrheit der Studenten deutschnational gesinnt und randalierte zunehmend gegen Veranstaltungen jüdischer, sozialistischer und links-liberaler Professoren. Die Angriffe, insbesondere gegen den „Wiener Kreis", wurden immer heftiger. Sie kulminierten in der Ermordung von Moritz Schlick, der als jüdisch verschrien war, obwohl er in Wirklichkeit einem altösterreichischem Adelsgeschlecht entstammte. Er wurde am 22. Juni 1936 auf der Philosophenstiege der Universität Wien erschossen.

Philosophenstiege: Mord an Schlick

Der Mörder war sein ehemaliger Student Hans Nelböck, der einerseits durch die öffentliche Stimmung angefeuert, andererseits durch die Ansichten seines Studienkollegen Leo Gabriel irregeführt (und dadurch indirekt zur Tat ermuntert) worden war.[33] (Gabriel selbst war Austrofaschist und Katholik, und später langjähriger Ordinarius für Philosophie an der Universität Wien.) Nelböck wurde übrigens, nach zweijähriger Haft, bald nach dem Einmarsch Hitlers aus dem Gefängnis entlassen.

Bereits seit Jahren zirkulierten schwarze Listen unter den nationalsozialistischen Studenten, denen auch Erich Heintel angehörte. (Heintel wurde nach dem Krieg raschestens entnazifiziert und zum Ordinarius für Philosophie an der Universität Wien ernannt.) Auf den Listen waren jüdische Lehrer und ihnen nahestehende Personen und Sympathisanten notiert. Obwohl „arischer Abstammung" stand Gödel auf einer derartigen Liste, da er Schüler des (Halb-)„Juden" Hans Hahn und Mitglied des als jüdisch verrufenen „Wiener Kreises" war. Mathematische Logik und Mengenlehre wurden als „jüdisch" verteufelt, genauso wie Einsteins Relativitätstheorie. Aus diesem Grund wurde Gödel in der Nähe des mathematischen Institutes bei der Strudelhofstiege Anfang November 1939 von rechtsradikalen Studenten attakkiert.

Soweit bekannt ist, hat Gödel totalitäre Ideologien immer abgelehnt und fürchtete später sogar um die Demokratie seines neuen Heimatlandes Amerika, wie wir im nächsten Kapitel sehen werden. Im Unterschied zu Einstein und anderen ist er aber nie öffentlich politisch aufgetreten.

Allerdings hat Gödel wegen seiner intensiven wissenschaftlichen Arbeit die Veränderungen der politischen Landschaft nie so direkt empfunden. Dennoch berührten die politischen Veränderungen auch sein persönliches und intellektuelles Leben. Die Verfolgung gesellschaftskritischer Kräfte nahm ihm seine besten Freunde und Lehrer:

1936 wurde Moritz Schlick ermordet.

1937 verließ Karl Menger, sein Lehrer und Gesprächspartner, Wien und übersiedelte nach Amerika; auch Johann von Neumann blieb in den Vereinigten Staaten.

1938 emigrierte Friedrich Waismann (mit Hilfe Karl Poppers) nach England, wo bereits Wittgenstein lebte; Oskar Morgenstern und Abraham Wald übersiedelten nach Amerika.

Wegen ihrer apolitischen Haltung war die Einstellung der Familie Gödel zu den Nationalsozialisten aber sehr ambivalent. Sein Bruder, Med. Rat Rudolf Gödel, sagt selbst über diese Zeit:

„Das Jahr 1933, in welchem in Deutschland der Nationalsozialismus zur Herrschaft kam, ist für mich in Wien mit keinen besonderen Erinnerungen verbunden. Da wir alle an Politik nicht sehr interessiert waren, konnten wir wohl die Bedeutung dieses Ereignisses nicht richtig beurteilen.

Zwei Ereignisse öffneten uns dann rasch die Augen: die Ermordung des Bundeskanzlers Dollfuß und die Ermordung des Philosophen Professor Schlick, in dessen Kreis mein Bruder verkehrt hatte. Nicht zuletzt dieses Ereignis war wohl der Grund, daß mein Bruder eine schwere Nervenkrise durchmachte und für einige Zeit ins Sanatorium mußte, was natürlich für unsere Mutter eine schwere Sorge bedeutete. Bald nach seiner Wiederherstellung erhielt mein Bruder eine Einladung als Gastprofessor in die USA. Dieses Ereignis und die Tatsache, daß das Leben in Wien für uns, die wir unser Vermögen in der Tschechoslowakei hatten, immer teurer wurde, war der Anlaß, daß unsere Mutter sich wieder in unsere Villa nach Brünn zurückzog und zwar 1937, also ein Jahr bevor Hitler Österreich besetzte. Schwierigkeiten gab es auch mit der tschechischen Hausbesorgerin der Villa, denn der Haß der Tschechen gegen die Deutschen war damals natürlich groß, da es immer wieder Hinrichtungen von tschechischen „Verrätern“

gab, und diese auf roten Zetteln öffentlich angeschlagen wurden. So kam es, daß unsere Mutter die Zeit des Zweiten Weltkrieges in Brünn verbrachte." [34]

Die politische Situation hatte also die Familie Gödel geographisch getrennt. Rudolf Gödel blieb allein in Wien als Leiter eines großen Röntgeninstitutes, was ihm den Vorteil einbrachte, nicht zum Militär einrücken zu müssen. Kurt Gödel fuhr in den 30er Jahren dreimal nach Amerika, bis er 1940 endgültig dort blieb.

Im Herbst 1933 fuhr Gödel zum ersten Mal in die USA. Er unterrichtete bis Mai 1934 am neugegründeten Institute for Advanced Study, das sich damals noch in der alten Fine Hall der Princeton University befand. Nach einem Jahr Aufenthalt in Wien fuhr er 1935 abermals nach Princeton, mußte aber aus gesundheitlichen Gründen sofort wieder nach Wien zurückkehren. Wegen seiner Pendelei zwischen Princeton und Wien hatte er häufig seine Vorlesungen am mathematischen Institut abgesagt. Außerdem blieb er aufgrund seiner zeitweiligen Abwesenheit von den Wirren des Bürgerkrieges im Feber 1934 verschont.

Nach seiner Habilitation unter Hans Hahn (mit den Referenten Wirtinger, Thirring, Menger et alii) war Gödel Privatdozent geworden. [35] Als solcher hatte er zwar die Venia Legendi, das Recht, Vorlesungen zu halten, er bezog jedoch kein regelmäßiges Einkommen. Gödel war daher praktisch ohne Einkünfte und mußte von der Erbschaft seines Vaters leben. Die Universität Wien hat Gödel trotz seiner epochalen Leistungen keine adäquate Stellung angeboten – aus den bereits erwähnten politischen Gründen. Das Institute for Advanced Study (IAS) hingegen hat die Bedeutung von Gödels Entdeckung schnellstens erkannt und ihn 1933, 1935 und 1938 als Gastprofessor nach Princeton eingeladen.

Kleene (Mitte) mit den beiden Autoren Weibel (l.) und DePauli (r.) 1983

Mit seinen Vorlesungen trug er zum Aufbau einer amerikanischen logischen Schule bei, die bereits von Emil Post und Alonzo Church initiiert wurde. Gödel war der erste, der den Algorithmenbegriff mittels rekursiver Funktionen genauer bestimmte. Dieser weitere Schritt der Mathematisierung wurde die Grundlage für den in der Computerwissenschaft zentralen Begriff der Berechenbarkeit. Ausgehend von diesen Leistungen entwickelte Stephen Cole Kleene seine Theorie der (partiell) rekursiven Funktionen, die eine weitere Präzisierung des Algorithmenbegriffes darstellt.

Alonzo Church stellte daraufhin die These auf, daß eben diese rekursiven Funktionen dem intuitiven Begriff der allgemeinen Berechenbarkeit entsprechen. Ein anderer Schüler von Gödel war Barclay Rosser, der den Unvollständigkeitssatz noch verschärft hat.

Hochzeit von Adele und Kurt Gödel

Das entscheidendste Ereignis für Kurt Gödels privates Leben war seine Heirat mit Adele Nimbursky am 20. September 1938. Frau Adele Gödel (geborene Porkert) war um 10 Jahre älter als Kurt Gödel und in erster Ehe mit dem Photographen Nimbursky verheiratet. Die praktisch veranlagte und optimistische Adele hat sich offenbar sehr intensiv und mütterlich um „Kurtele“ – wie sie ihn nannte – gekümmert. Sie war sozusagen seine „life-line“.

Bereits zwei Wochen nach der Hochzeit verließ Gödel Wien und seine Frau, um wieder am IAS zu unterrichten. Währenddessen hatten ihm die neuen Machthaber aus Deutschland seine Privatdozentur an der Universität Wien aberkannt. Dem Antrag des Dekans der philosophischen Fakultät, Professor von Christian, schloß sich der Dozentenbundführer Dr. Marchert an. Gödel bemühte sich erstaunlicherweise um eine neue Dozentur, genannt Dozentur der Neuen Ordnung (als Ersatz für seine aberkannte Privatdozentur), und erhielt sie schließlich ein Jahr später, als er bereits in den USA war, vom Reichsministerium in Berlin bestätigt.

1939 bekam Gödel den Einberufungsbefehl und wurde als volltauglich für den Fronteinsatz befunden. In höchster Not wandte er sich an Oswald Veblen, den Direktor des IAS, und mit dessen Hilfe gelang es dem Ehepaar Gödel, Wien zu verlassen.[36]

Wegen der englischen Blockade konnten sie nicht mehr den Atlantik überqueren und mußten im Jänner 1940 mit der Transsibirischen Eisenbahn nach Japan fahren. Von dort aus gelangten sie nach San Francisco und kamen Ende März 1940 in Princeton an. Gödel hat niemals mehr europäischen Boden betreten.

6. Princeton, USA

Gödel und Einstein

Hier lebte Gödel die zweite Hälfte seines Lebens, ohne die Vereinigten Staaten jemals zu verlassen. Viele seiner Freunde arbeiteten dort längere oder kürzere Zeit. Die Freundschaft mit Albert Einstein war allerdings die wichtigste. Gödel präzisierte in Princeton Teile seiner mathematischen Ideen, beschäftigte sich aber zunehmend mit den philosophischen Implikationen seiner mathematischen Entdeckungen.

Princeton ist ein grünes Städtchen im amerikanischen Bundesstaat New Jersey mit Einfamilienhäusern im Kolonialstil, eine Autostunde von New York entfernt. Die Stadt ist bekannt wegen ihrer hochrangigen Universität und wegen des IAS, des Institute for Advanced Study. Die im neogotischen Stil erbaute Universität ist eine Imitation der altehrwürdigen Cambrigde University und wurde hauptsächlich von italienischen Steinarbeitern erbaut. Der Zweck des Institutes war es, anerkannten Größen der Wissenschaft ideale Arbeits-

Gödel links neben Rockefeller

John von Neumann

bedingungen zu schaffen. Darum gab es auch fast keine Lehrverpflichtungen und nur wenige Studenten.

Gödel befand sich dort in Gesellschaft von Albert Einstein, Robert J. Oppenheimer, Johann von Neumann, Hermann Weyl, Oswald Veblen und vielen anderen Berühmtheiten. Es bedeutete für einen Wissenschaftler eine große Auszeichnung, in diesen Olymp der Gelehrsamkeit berufen zu werden. Von 1940 bis 1946 war Gödel temporär angestellt und sein Vertrag mußte jedes Jahr verlängert werden. Zwischen 1946 und 1953 wurde er, überraschend spät, fix angestelltes Mitglied des IAS und erst 1953 wurde er, nach Intervention von Einstein und von Neumann, zum ordentlichen Professor ernannt.

Die Meinungen über seine administrative Tätigkeit am IAS waren geteilt. Hassler Whitney und Deane Montgomery berichten:

„Nun, er war ein sehr gewissenhaftes Fakultätsmitglied, und er nahm großen Anteil an Fakultätsangelegenheiten, ganz im Gegensatz dazu, was von einigen Leuten im voraus angenommen worden war. Er hatte dazu eine sehr gewissenhafte Einstellung. So wie wir war er besonders an den Anstellungen des Institutes interessiert, sowohl an den zeitlich begrenzten, aber auch speziell an den dauerhaften. Gödels Schwierigkeiten, darüber zu entscheiden, was die Qualifikationen der verschiedenen Kandidaten seien oder für eine Mitgliedschaft sein sollten, verzögerten angeblich die Fakultätssitzungen. So beschlossen wir, dies zu ändern und ein getrenntes Komitee für Logik einzurichten. Und ich bot an, an diesem Komitee teilzunehmen. So setzten

Gödel in seinem Zimmer 1958

sich Gödel und ich miteinander in Verbindung, meistens telefonisch. Denn er hatte es lieber, mit mir einfach am Telefon über gewisse Dinge zu sprechen, als einander persönlich zu treffen, selbst wenn wir beide direkt im Institut waren. (...) Und auf den Vorschlag hinüberzukommen, um mit Gödel direkt zu sprechen, pflegte er zu sagen: 'Oh, erzählen Sie mir das doch am Telefon. Wir können einander über das Telefon verständigen.' Und gelegentlich sagte ich: 'Ich habe das Gefühl, diese Sache ist zu tiefgehend. Ich kann darüber am Telefon nicht sprechen.' Und er erlaubte mir, hinüberzukommen und mit ihm direkt zu sprechen. Er scheint sich am Telefon sicherer gefühlt zu haben, vielleicht weil er es unterbrechen konnte, wenn er sich zu müde fühlte. Ich weiß es nicht. Möglicherweise empfand er jeden, der ihm zu nahe kam, als eine Belastung, und das bereitete ihm Schwierigkeiten." [37]

Auch im privaten Verkehr bevorzugte Gödel die telefonische Kommunikation, oft stundenlang über den ganzen amerikanischen Kontinent hinweg. Er galt im allgemeinen als zurückgezogener Mensch und pflegte eher wenige, aber intensive Kontakte, wie z.B. die täglichen Spaziergänge mit Einstein. Er vermied auch öffentliche Auftritte. Seine letzte Vorlesung hielt er 1951. Sogar zu einem Symposium anläßlich seines 60. Geburtstages in Ohio sandte er lediglich ein Glückwunschtelegramm an die Teilnehmenden. Von den IAS-Kollegen hatte er nur zu Abraham Robinson und Albert Einstein enge freundschaftliche Beziehungen. [38]

In Princeton begann Gödel, die direkte Arbeit an mathematisch-logischen Problemen fast ganz aufzugeben. Vielleicht auch deshalb, weil ihm die Lösung bestimmter Probleme, z. B. der Mengenlehre, Schwierigkeiten bereitete. Er arbeitete zwar weiter am Problem des Auswahlaxiomes und der Kontinuumshypothese, aber im Vergleich zu der Produktivität in Wien ist ein deutlicher Unterschied festzustellen.

Während seine Resultate in der Logik in den Kanon der Lehrbücher eingingen, legte er zu Beginn der 40er Jahre den Schwerpunkt seiner Forschungen auf die Philosophie der Mathematik. Gödels Interesse an philosophischen Fragen begann bereits in seiner Gymnasialzeit und setzte sich auch in Wien fort. Seine Auseinandersetzungen mit den Auffassungen des „Wiener Kreises“, insbesondere mit denen von Rudolf Carnap, sind auch vor diesem Hintergrund zu sehen. Es interessierten ihn dabei vor allem die Struktur und Analyse von Axiomen und Begriffen bzw. deren Zusammenhänge (Raum, Zeit, Kraft oder der Status von Axiomen, Universalien, Beweisen, ...).

In den 50er Jahren interessierte sich Gödel für Seelenwanderung und für einen körperunabhängigen Geistbegriff im Zusammenhang mit seinen kosmologischen Ideen und Arbeiten.

Einen Teil seiner Arbeiten zu Russell (1942), Einstein (1949), Carnap (1953) veröffentlichte er zu dieser Zeit, und sie gehören heute zu den wesentlichen Bestandteilen der Philosophie der Mathematik. Vieles aber, zu Leibniz (in den Jahren 1943–1946), zu Kant (1947), zu Husserl (1959), wurde von ihm nie zur Veröffentlichung freigegeben. Sein ehemaliger Mentor Karl

Menger meinte deshalb, daß Gödels Logik-Genie in Princeton vergeudet wurde, da er dort keine befruchtenden Diskussionen fand.

In seinen philosophischen Arbeiten vertrat Gödel einen platonistischen Standpunkt. Hao Wang expliziert dies folgendermaßen: „Philosophie als exakte Theorie kann als Anwendung von Gödels Begriffsrealismus betrachtet werden. Sie soll die richtige Perspektive ermöglichen, sodaß die Klarheit der grundlegenden metaphysischen Begriffe zu Tage tritt. Etwas deutlicher, die Aufgabe dieser exakten Theorie ist es, sagt er, die grundlegenden Konzepte K zu bestimmen und die Axiome A für sie zu finden, sodaß alleine K die Axiome erfüllt, und A Teil unserer ursprünglichen Intuition von K ist. (...) Dieses Ideal hängt eng mit anderen Aspekten von Gödels Philosophie zusammen. Z. B. sagt er, daß seine Philosophie in groben Zügen mit dem (metaphysischen System) von Leibniz' Monadologie übereinstimmt."[39]

Gödel war Zeit seines Lebens Gegner der Katholischen Kirche, hatte jedoch eine abstrakte Religiosität und bejahte den logischen Gottesbeweis. Seit Immanuel Kant weiß man, daß es keinen Beweis für einen persönlichen Gott gibt. Jedoch aufbauend auf den Arbeiten von Charles Hartshorne, verfertigte er einen Beweis für die Existenz eines logischen Gottes.

Die Zurückgezogenheit Gödels in Princeton resultierte einerseits aus seinen gesundheitlichen Problemen, andererseits aus seiner Menschenscheu.
Zuerst wohnte Gödel in der Nassau Street im Zentrum von Princeton, dann übersiedelte er in ein Haus in der Linden Lane 129 (später auf 145 geändert), das er 1949 kaufte. Hier lebte er mit seiner Frau Adele bis an sein Lebensende 1978. In dieser Gegend wohnten viele deutsche und italienische Gastarbeiter. Die Gödels zogen auf

Kurt und Adele in der Linden Lane

Wunsch von Adele dorthin, da diese gern in der Umgebung von anderen deutschsprachigen Immigranten leben wollte. Verglichen mit den Häusern seiner Freunde war das Haus der Gödels eher ärmlich.

Nach Österreich wollte Kurt Gödel nicht mehr zurück, wie er auch nie mehr die Staaten verließ.

„Er hatte keine gute Meinung über Österreich. Ich meine, er wußte, was jedermann wußte, daß viele Leute Nazis waren, sogar schon bevor Hitler kam. Und er kannte ihre Ansichten. Und ich glaube, er fühlte sich nicht danach, daß er zurückkehren wollte, oder es nötig hatte zurückzukehren." [40]

1966 lehnte er auch aus diesem Grund eine Honorarprofessur der Wiener Universität ab.

Adele auf Reisen (1957)

Während seine Frau Adele etliche Reisen unternahm, hat Gödel seinen Plan, seine betagte Mutter aus Rücksicht auf ihr Alter und ihre Gesundheit in Wien zu besuchen, immer wieder verschoben und nie verwirklicht. So kam es zu mehreren Besuchen seines Bruders und seiner Mutter in Princeton.

Als Gödel 1948 die amerikanische Staatsbürgerschaft erhalten sollte, waren Einstein und Morgenstern, zwei seiner besten Freunde, seine Bürgen. Da Einstein um die unpraktische Eigensinnigkeit von Gödel wußte, versuchte er ihm klarzumachen, daß es sinnlos sei, bei zeremoniellen Erklärungen politische Diskussionen zu führen. Aber Gödel verhielt sich auf die für ihn typische Weise. Der Vorfall wurde inzwischen zu einer oft erzählten Anekdote. Dorothy Morgenstern berichtet: „Zu allererst rief Gödel schon vier Wochen vorher häufig an – mit Fragen über diesen und jenen Gesichtspunkt der Stadt und des Landes, über Gesetze der Vereinigten Staaten usw. Er wollte jede kleine Einzelheit erfahren und war sehr nervös. Mein Mann holte ihn ab, und danach holten sie Einstein ab. Und als Einstein in den Wagen stieg, fragte er Gödel, ob er bereit für seine 'vorletzte Befragung' sei, und Gödel fragte, was denn die letzte Befragung sei. Und Einstein antwortete: 'Nun, wenn du in dein Grab steigst.' Jedenfalls war er sehr nervös und alle fuhren nach Trenton. Wegen Einsteins Berühmtheit gab es große Aufregung, denn natürlich hatte dort niemand von Gödel gehört. Und der Richter Forman sagte, daß es in Österreich eine Diktatur gäbe, und ob das wohl in den Vereinigten Staaten auch möglich sei, und Gödel antwortete: 'Oh ja, es könnte. Und ich kann es Ihnen beweisen.' Und Richter Forman sagte: 'Nicht doch; nicht doch.'"[41]

Adele, Mutter Gödel und Kurt vor dem IAS

Morgenstern, Gödel und Morgenstern jun.

Wie recht Gödel haben sollte, zeigte die Ära McCarthy, in der die Grundrechte der Demokratie in einem solchen Ausmaß verletzt wurden, daß es beinahe einer Diktatur gleichkam.

In den 50er Jahren verschlechterte sich Gödels Gesundheitszustand immer mehr. Seine Selbstdiagnosen wurden immer merkwürdiger und seine paranoiden Anfälle stärker. Sein Hausarzt, Dr. Rampona, über ihn: „Nun, er war ein sehr schwieriger Patient. Einmal wurde ich ins Haus gerufen, weil er Blut aushustete, aber trotz meiner Diagnose eines blutenden Magengeschwürs weigerte er sich, ins Spital zu gehen, und erst Einsteins Überredungskünsten gelang es, ihn zu überzeugen.“ [42]

Lili Kahler, eine langjährige Freundin der Familie:

Adele, Kurt und Rudolf im Garten

„Er hat immer für sich selbst gekocht, und nicht einmal Adele, die eine sehr gute Köchin war, durfte für ihn kochen. Abgesehen davon, daß er seine Diät wollte, war er paranoid und hat geglaubt, daß man ihn vergiften will. Und das hat er fast bis zum Schluß betrieben, kann ich nur sagen.“ [43]

Die Verdüsterung seines Geistes hatte auch in Schuldgefühlen ihre Ursache, die wahrscheinlich mit Gödels Position am IAS zusammenhingen. Zu Dorothy Morgenstern sagte er: „Nun, ich leiste nicht meine Arbeit, die ich für das Institut machen sollte. Als Professor erwartet man, daß ich mehr arbeite und mich mehr um die Mitglieder kümmere.“ [44]

Die Ängste, Schuldgefühle und paranoiden Anfälle führten ihn schließlich zum Psychiater. Kurioserweise war dieser der berühmte Richard Huelsenbeck (der sich in New York Hulbeck nannte), ehemals Mitglied der Züricher Dadaistengruppe und Freund von Hans Richter und Marcel Duchamp.

Adele und Kurt

Daß dies alles zu erheblichen Spannungen mit Adele führte, liegt auf der Hand, und oftmals schimpfte sie tagelang, während er in seiner Zurückgezogenheit verblieb. Sie war immer schon der Meinung gewesen, daß das IAS ein „Altersheim" sei und fühlte sich offensichtlich in Princeton nicht wohl.

Hassler Whitney berichtet: „Es war während der letzten Periode, als auch seine Frau ziemlich krank war. (...) Sie sagte z. B. 'Ich traf niemals jemanden aus dem Institut. Und niemand rief jemals an.' Und Gödel antwortete: 'Erinnere dich zum Beispiel an diese Person, mit der du dich unterhalten hast, an jenes Institutsmitglied!' Und sie sagte: 'Oh nein, ich habe niemals jemanden getroffen!' Und er hörte ihren Worten zu und fand, daß ihre Worte ungenau waren. Und er versuchte, ihr zu erklären, daß sie ungenau seien. Doch sie wollte eine Empfindung darüber ausdrücken, während er ihren Gefühlen nicht zuhören konnte. Und keiner von beiden verstand, worin das Problem lag." [45]

Gegen Ende seines Lebens beschäftigte sich Gödel zunehmend mit Okkultismus. Gödels Leben, seine Zurückhaltung, sein intellektueller Stil waren seit seiner Jugend

Mutter und Kurt

von der Sehnsucht nach rein geistigem, beinahe immateriellem Leben gekennzeichnet. In seiner Bibliothek befanden sich auch Bücher von Arthur Koestler über indische Philosophie und Yoga. In einem dieser Bücher wird das Samadi als Endziel des Yoga beschrieben. Das Samadi bedeutet in physiologischer Hinsicht eine Herabsetzung der Körperfunktionen wie Herzschlag, Puls, Atmung und Ernährung. In geistiger Hinsicht heißt es, daß Samadi aus reinem Bewußtsein besteht. Bewußtsein ohne Absicht oder Inhalt außer dem Bewußtsein selbst. Es gibt aber ein letztes willentlich eingegangenes Samadi. Dies bringt den Tod des Körpers und des an den Körper gebundenen Ichs mit sich.

Eine typisch wienerische Interpretation wäre hingegen psychoanalytischer Natur: Gödels Mutterfixierung artikuliert sich in einer Verweigerung der Realität, in einem steten Rückzug auf eine abstrakte Ideenwelt der Mathematik. Sein Platonismus wäre so interpretierbar als philosophischer Ausdruck seiner uteralen Abneigung vor der Wirklichkeit. (Vgl. Gödels Bevorzugung von Telefongesprächen vor persönlich-direkten Kontakten).

Kurt Gödel starb am 14. Jänner 1978 im Hospital von Princeton an Nahrungsverweigerung, an „malnutrition and inanition“ [46]. Außer Dr. Rampona verweigerten alle Ärzte jedwede Auskunft zu diesem Thema.

Dr. Rampona: „Er weigerte sich zu essen. Er wog nie sehr viel, aber sein Endgewicht war um die 60 Pfund. Er starb in einer fötalen Position. Mit angezogenen Knien.

Kurt und Mutter im Garten

Dieselbe Position, in der man ist, wenn man sich im Mutterleib befindet." [47]

Es gibt jedoch auch Ärzte, welche die Meinung vertreten, Nahrungsverweigerung komme bei älteren Menschen des öfteren vor und sei keineswegs eine Besonderheit. Die fötale Position wäre in diesem Fall eine Folge der Magenverkrampfung und des starken Kältegefühls, das der Mensch auf Grund der zu geringen Verbrennung hat.

Das Feld möglicher psychologischer Interpretationen verlassend, wenden wir uns jetzt den geistigen Leistungen Gödels zu.

7. Informatik und Artifizielle Intelligenz

Gödel, Turing und von Neumann sind die Urväter der Computerwissenschaft. Die Präzisierung der Algorithmen durch die Entwicklung der rekursiven Funktionen, die Ermöglichung neuerer Computersprachen auf der Basis der Prädikatenlogik, die Mathematisierung inhaltlicher Symbole durch deren „Gödelisierung“ sind zu nennen. Die Explikation der formalen Beweissysteme der Mathematik bilden die Grundlage für Turings Anwendung dieser Konzepte und deren Übertragung auf seinen zentralen Begriff mechanisierter „Berechenbarkeit“. Gödels „Unvollständigkeitssatz“ zeigt aber auch die Grenzen der „machina rationatrix“, dem modernen Traum maschinisierten Denkens.

Obwohl er ursprünglich aus der mathematischen Logik kommt, hat der Gödelsche Satz heute seine zentrale praktische Bedeutung in der theoretischen Informatik. In beiden Fällen handelt es sich um die Selbstreferenz Formaler Systeme. Das Ausgangsproblem der Gödelschen Entdeckung liegt in der Frage der Formalisierbarkeit und Widerspruchsfreiheit der mathematischen Theorien. Denn nur unter der Bedingung widerspruchsloser maximalster Formalisierbarkeit ist eine technische Umsetzung gewährleistet. Können wir aber, ausgehend von bestimmten Axiomen und Algorithmen, alle daraus ableitbaren Möglichkeiten überprüfen? Analog gelagert ist die Frage nach der Möglichkeit intelligenter Maschinen, die, auf der Basis ihres Wissens und ihrer technischer Mittel, Entscheidungen über ihre weiteren Schritte fällen müssen. Das „Halteproblem“, das wir im nächsten Kapitel kennenlernen werden, entspricht der zentralen Ausgangsfrage Gödels.

Turing beim Wettlauf

Einer der Pioniere der Informatik, der Forschung der Artifiziellen Intelligenz und der „Cognitive Science" (Stichwort: Mind and Machine), der Mathematiker Alan Turing (1912–1954), wurde von Gödels Beweis angeregt, die Problemstellungen Formaler Theorien (insbesondere der Logik und Mathematik) auf ihre möglichen Verwirklichungen durch physikalische Maschinen zu überdenken. Dazu war natürlich zuerst eine Schematisierung und begriffliche Präzisierung des menschlichen Rechnens vonnöten.[48] Turing hat Gödels Frage von den Formalen Systemen zur Computer-Maschine verlagert, d. h. von der Beweisbarkeit zur Berechenbarkeit.

Neben seinen Leistungen im Marathonlauf, in mathematischer Logik und in der Erforschung der Maschinellen Intelligenz wurde Alan Turing insbesondere dadurch bekannt, daß er im Zweiten Weltkrieg den deutschen Geheimcode „Enigma" geknackt hatte. Trotz dieser politisch wichtigen Tat wurde er von der englischen Gesellschaft 1954 wegen seiner Homosexualität in den Selbstmord getrieben.

Seine Arbeiten über berechenbare Zahlen und sein Modell des Computers, noch lange bevor dieser de facto konstruiert wurde, gehören zu den Pionierleistungen auf dem Gebiet der Informatik. Wir nennen dieses Modell heute Turing-Maschine.

Die Transformation logisch-mathematischer Beweisbarkeit in die mechanische Berechenbarkeit ermöglichte die Konstruktion dieser Maschine, deren Prinzip die

Organisation von symbolischen Handlungen ist. Auf Grund bestimmter Anweisungen (= Regeln) werden in bestimmten Folgen gewisse Codierungen vorgenommen. Durch das Links- bzw. Rechtsrücken und Niederschreiben von Symbolen in quadratischen Feldern werden die Prozeduren ausgeführt. Berücksichtigt werden natürlich die Änderungen, die einzelne Codierungen bewirken. Dies ist über die Organisationsstrukturen möglich. In Turings Sprache klingt das wie folgt:

„Es könnte sein, daß bestimmte Veränderungen zu einer Änderung der allgemeinen Situation (der Maschine) führen. Die allgemeinsten Operationen müssen daher folgende sein:

(A) Eine mögliche Änderung des Symbols – a – mit einer möglichen Änderung des allgemeinen Zustandes (der Maschine).

(B) Eine mögliche Änderung – b – der beobachteten Quadrate mit einer möglichen Änderung des allgemeinen Zustandes (der Maschine).

Die tatsächlich durchgeführte Operation ist bestimmt durch den allgemeinen Zustand der Maschine und das beobachtete Symbol. Im besonderen bestimmen sie den Zustand der Maschine (= Struktur der Organisation) nach der Operation“. [49]

Die zugrundeliegende Basis von Turings Arbeit bildet die präzise Definition dessen, was der allgemeine Begriff eines Formalen Systems sein kann. Diese Präzisierung hat Gödel zuvor mit bisher nicht bekannter Exaktheit geliefert und dadurch überhaupt erst ermöglicht, daß formale Beweise geführt werden können. Gödel hat 1931 dargelegt, daß die Existenz unentscheidbarer arithmetischer Aussagen und die Nicht-Beweisbarkeit der Widerspruchsfreiheit eines Systems (im selben System) für jedes konsistente Formale System, welches einen bestimmten Umfang an endlicher Zahlentheorie beinhaltet, rigoros bewiesen werden kann.

Die sich daraus notwendigerweise ergebende und für die Praxis höchst relevante Frage ist jedoch, ob es einen Algorithmus gibt, der für beliebig vorgelegte Sätze überprüfen kann, ob sie in der Prädikatenlogik ableitbar und daher berechenbar sind. Diese Frage wurde 1936 von Alonzo Church (1903–1996) negativ beantwortet und heißt der Churchsche „Unentscheidbarkeitssatz" (im Unterschied zum Gödelschen Unvollständigkeitssatz, der besagt, daß es wahre Formeln gibt, die nicht ableitbar sind).

Laut Gödel lag nun Turings Leistung in der Präzisierung des Begriffs des Formalen Systems durch den der „Berechenbarkeit". Ein Formales System, bestehend aus Symbolen und Regeln, wurde von Turing als jene mechanische Prozedur bestimmt, welche beweisbare Formeln produziert. Der Kern des Formalen Systems ist also die mechanische Beweisbarkeit eines Teils seiner wahren Sätze. So konnte Turing die Äquivalenz eines Formalen Systems mit einer Maschine zeigen, der sogenannten „Turing-Maschine", die den Begriff der Berechenbarkeit umsetzt.

Da aber die Vernunft mehr ist als logisches Schließen (was der mathematische Intuitionismus schon lange behauptete), taucht auch bei der Turing-Maschine dasselbe Problem der Unvollständigkeit auf.

Der mathematische Intuitionismus leugnet die Möglichkeit unendlicher Formalisierbarkeit, im Gegensatz zum Finitismus sogar die Formalisierbarkeit des Unendlichen, und läßt daher Platz für andere Formen des

Denkens. Er lehnt – im Gegensatz zu den Formalisten – den Begriff des aktuell Unendlichen ab, da dieser prinzipiell nicht gegeben sein kann. Demgegenüber vertritt er die Alternativmöglichkeit eines potentiell prozessualen Unendlichen. Letzteres kann nie per se als Ganzheit bestimmt werden und schließt daher die absolute Selbstreferenz – den geschlossenen Kreis – aus. Die offenen Möglichkeiten können durch logisches Schließen allein nicht erfaßt werden. (Siehe Kapitel 8.)

Wie es in jedem Formalen System Formeln geben kann, die im System selbst unentscheidbar sind, so gibt es auch bei jeder Turing-Maschine Prozeduren, die unberechenbar bleiben. [50]

Diese Beschränkungen des formalen Schließens haben viel Verwirrung ausgelöst. Da viele Leute mit Gödel und Turing übereinstimmen, daß das menschliche Gehirn im Prinzip wie ein Digitalcomputer funktioniert, wurde die verführerische, aber fatale Frage nach den Grenzen des Denkens mit denen nach der Mechanisierbarkeit des Denkens identifiziert. (Gödel war jedoch davon überzeugt, daß das Gehirn nicht das gesamte Denken erzeugt, sondern daß der Geist eines Menschen mehr ist als dessen Gehirnfunktion.)

Da die Formalen Beweissysteme der Logik eine vollständige Korrespondenz mit den Turing-Maschinen aufweisen, bedeutet das de facto, daß Computer nie alle mathematischen Wahrheiten beweisen können. Es ist aber genauso fragwürdig, ob wir Menschen dazu imstande sind.

„Um dies nachvollziehen zu können, versuchen Sie einmal, sich Ihrer selbst und all Ihrer Gedanken völlig bewußt zu sein. Puppig, werden Sie sagen, kein Problem. Aber, warten Sie mal: Haben Sie, als Sie die Bestandsaufnahme dessen, was in Ihrem Kopf vorgeht, machten, die Tätigkeit der Überprüfung Ihrer Gedanken mit eingeschlossen? Und wenn Sie das jetzt hinzufügen, werden Sie in der Lage sein, den Vorgang des Hinzufügens miteinzuschließen?“ [51]

Kurt Gödel entwickelte seinen Satz zu einer Zeit, als man noch allgemein glaubte, daß jedes Problem der Logik und Mathematik lösbar sei.

Die Verschränkung von Mathematik und einer Metamathematik zur Absicherung der ersteren führte zur Relativierung Formaler Theorien.

So schrieb David Hilbert: „Alles, was im bisherigen Sinne Mathematik ausmacht, wird streng formalisiert, sodaß die eigentliche Mathematik oder die Mathematik im engeren Sinne zu einem Bestand an Formeln wird. (...) Zu der eigentlichen so formalisierten Mathematik kommt eine gewissermaßen neue Mathematik, eine Metamathematik, die zur Sicherung jener notwendig ist, in der – im Gegensatz zu den rein formalen Schlußweisen der eigentlichen Mathematik – das inhaltliche Schließen zur Anwendung kommt, aber lediglich zum Nachweis der Widerspruchsfreiheit der Axiome. In dieser Metamathematik wird mit den Beweisen der eigentlichen Mathematik operiert ...“ [52]

Dieses Übergreifen der „Objektsprache“ auf die „Metasprache“ führte letztlich zu Gödels Zurückgreifen auf das alte Lügner-Paradoxon (von vor 2000 Jahren) und dessen Bedeutung in der modernen mathematischen Logik. Gödel selbst wies in seinem „Unvollständigkeitsaufsatz“ auf diese Analogie hin.
Das Lügner-Paradoxon behauptet in einem Satz seine Wahrheit und Unwahrheit: „Epimenides, der Kreter,

sagt, daß alle Kreter lügen" oder in einer anderen Version: „Dieser Satz ist unwahr". Ähnlich behauptet Gödels Satz seine Wahrheit und zugleich Unbeweisbarkeit in einem. (Wäre Beweisbarkeit gleich Wahrheit, wie Hilbert dies wollte, dann wäre Gödels Satz äquivalent zum Lügner-Paradoxon: wahr und unwahr zugleich. Daher muß Beweisbarkeit ungleich Wahrheit sein.)

Tarski und Gödel in Wien, 1935

Diese Verschränkung von Objekt- und Metasprache wurde in jenen Jahren auch von Alfred Tarski, der explizit auf Gödel hinweist, behandelt: „Man kann auf Grund der Metasprache dann und nur dann methodologisch korrekte und sachlich zutreffende Definitionen der semantischen Begriffe angeben, wenn in der Metasprache Variablen von höheren logischen Typen vorkommen als alle Variablen der Sprache, die den Gegenstand der Untersuchung bildet."[53]

In diesem Punkt fließen die mathematisch-logischen Widersprüche der Mengenlehre, die bereits Bertrand Russell (1872–1970) entdeckte, mit denen der formalen Beweistheorie, nämlich der notwendigen Trennung von Objekt- und Metasprache, Mathematik und Metamathematik, zusammen.

Nachdem nun Gödel den Begriff der Beweisbarkeit (als Explikation des Formalen Systems) ins Zentrum rückte, wurde es im nächsten Schritt nötig, die Berechenbarkeit streng formal auszuführen. Dabei bot sich als eines der ersten Erklärungsmodelle die Rekursivität in der Mathematik an. Darunter versteht man die Möglichkeit der Produktion von Funktionen gemäß eines vorgegebenen fixen Schemas: Ausgehend von bestimmten Funktionen und Erzeugungsprinzipien können neue Funktionen hervorgebracht werden (wobei die abgeleiteten überprüfbar sind und so neue Möglichkeiten erforschbar werden).

Gödels Lieblingsphilosoph Gottfried Wilhelm Leibniz (1646–1716) trug mit seiner Entwicklung der Differentialrechnungen und den Beiträgen zu einer mathematischen Logik entscheidend zur Entdeckung der rekursiven Funktionen bei. (Leibniz erfand den Begriff der „Funktion", der später von J. Dirichlet ausgearbeitet wurde.) In beiden Fällen handelt es sich bei Leibniz um Funktionsberechnungen, die beginnend mit „Ausgangsfunktionen" mittels bestimmter Reproduktionsanweisungen neue Werte berechnen.

Gödels Lieblingsphilosoph Leibniz

Auf der Suche nach Modellen für die routinemäßigen mentalen Aktivitäten des Menschen mit Hilfe des Computers wurde also (nach Begriffen: Wahrheit, Beweisbarkeit, Berechenbarkeit, mechanische Prozedur) die rekursive Programmierung in der Informatik zu einem zentralen Instrument. Bei der Modellierung der Welt durch die Sprache kommt die Rekursion als Element der Sprache schon vor und stellt ein starkes Werkzeug ihrer Beschreibung dar. Bei der Abbildung des umgangssprachlichen Reduktionsmodells auf eine Programmiersprache ist es daher für den Programmierer eine große und genuine Hilfe, wenn er die sprachliche Rekursion auch auf die Programmiersprache übertragen kann. (Dies ist besonders bei sehr komplexen Programmiersystemen wertvoll, etwa in der Wissenspräsentation bei Expertensystemen, und begründet den Erfolg der logischen Programmierung in der Informatik.)

Berechenbarkeit und Rekursivität:

Auf Anregung von Jacques Herbrand, einem brillanten französischen Mathematiker, der 1934 im Alter von 23 Jahren beim Bergsteigen tödlich verunglückte, hat Gödel 1933/34 als erster die sogenannten rekursiven Funktionen in der Mathematik explizit definiert. Sie sind alle nach dem gleichen Schema aufgebaut: Ausgehend von ganz elementaren Grundoperationen (wie z.B. der Addition oder der Multiplikation) gelangen sie schließlich durch systematisches Zurückgreifen auf bereits berechnete Funktionswerte zu ihrem Ergebnis.[54]

Jacques Herbrand beim Bergsteigen

Die rekursiven Funktionen sind deshalb in der Mathematik so wichtig, weil man ihren Wert Schritt für Schritt immer genauer berechnen kann. Man braucht also nicht den exakten Wert in einem einzigen komplizierten Rechenverfahren zu ermitteln. Es genügt eine schrittweise Annäherung nach Bedarf.

In der Informatik spielt dieses Verfahren heute eine ganz grundlegende Rolle. Jeder Programmierer weiß, was ein rekursiver Aufruf ist: nämlich die Schleifen in einem Unterprogramm. Mit den Programmiersprachen ALGOL und PASCAL wurde die strukturierte Programmierung eingeführt, bei der man – gleich einem System ineinandergeschachtelter Boxen – eine Prozedur nach der anderen abarbeiten und zu Ende führen muß, ohne in eine andere, äußere, hinauszuspringen.

Am deutlichsten läßt sich die Abarbeitung eines solchen Schachtelsystems (eines Stacks von Prozeduraufrufen) an Hand der Funktion „Faktorielle" oder „Fakultät" erklären:

Man definiert zumeist:

Fak(N) : = N x Fak(N-1)
Fak (1) : = 1

Als Beispiel wollen wir „vier Faktorielle" berechnen. Der Aufruf Y : = Fak(4) erzeugt nun vier Funktionsaufrufe:

Fak (4) : = 4 x Fak(3)
Fak (3) : = 3 x Fak(2)
Fak (2) : = 2 x Fak(1)
Fak (1) : = 1

Nach dem vierten Aufruf beim konkreten Wert 1 angelangt, wird der Stack wieder abgebaut und die Berechnung des Wertes Fak(4) durch ein Zurückverlaufen der Funktionsaufrufe erreicht:

Fak(2) : = 2 x 1 = 2
Fak(3) : = 3 x 2 = 6
Fak(4) : = 4 x 6 = 24
Y : = 24

(Im Gegensatz zu PASCAL kann man bei FORTRAN mit seinen „GOTO"-Anweisungen wie bei alten Flußdiagrammen stets zu beliebigen Entry-Points des Programmes zurückspringen.) Die rekursive Programmierung hat ihre Wurzeln in der Theorie der rekursiven Funktionen, die aus einer Präzisierung des Begriffs der Berechenbarkeit entstand.

In den 30er Jahren hat man versucht, verschiedene Formale Modelle für den heuristischen Begriff der Berechenbarkeit zu entwickeln.

Ein solches Modell ist die Turing-Berechenbarkeit: In ihr ist eine Funktion y = f(x) Turing-berechenbar, wenn es eine Turing-Maschine M gibt, die für jeden beliebigen Input x den gewünschten Output y liefert.

Das Haupt-Modell ist die Mü-Rekursivität, welche heute nur kurz Rekursivität genannt wird: Sie wird durch Anwendung der kleinsten natürlichen Zahl (= des Mü-Operators) auf primitiv rekursive Gleichungen gewonnen. Doch davor werden zunächst die primitiv rekursiven Funktionen als Vorstufe aus den Basisfunktionen (Null, Identität, Nachfolger) durch iterierte exakt festgelegte Einsetzungsoperationen (inkl. Variablentausch und Identifikationen sowie Dummy-Variablen) aufgebaut.

Man konnte, mathematisch exakt, die Äquivalenz der beiden Begriffe Turing-Berechenbarkeit und Rekursivität darlegen, d. h., daß die rekursiven Funktionen genau die Turing-berechenbaren sind. Mit anderen Worten, alle rekursiven Funktionen der Mathematik kann man auch auf einer Turing-Maschine berechnen.

Ein weiteres Modell sind die allgemein rekursiven Funktionen: Sie erlauben beliebige Einsetzungsschemata, wobei das Definiendum, nämlich die zu definierende Funktion f (x, y, z, ...), auch im Definiens vorkommen darf, jedoch die Parameter gewissen Beschränkungen unterworfen sind (und umgekehrt).

Wieder ein anderes Modell bilden die Markov-Algorithmen: Ähnlich wie bei den Formalen Systemen werden Funktionen durch ein Regelsystem gebildet, bei dem jedoch die Reihenfolge der Regelanwendungen festgelegt ist, und die Regeln auch eine Stop-Regel beinhalten.

Alle diese Präzisierungen, obwohl sie von jeweils ganz verschiedenen Ansätzen ausgingen und von verschiedenen Personen durchgeführt wurden, konnten als umfanggleich bewiesen werden, d. h., die von ihnen erzeugten Mengen von Funktionen sind extensional gleich.

Angesichts dieser Tatsache ist man überzeugt, daß sie den intuitiven Begriff der Berechenbarkeit adäquat beschreiben. Alonzo Church formulierte daher 1936 die nach ihm benannte These, die natürlich kein mathematisch beweisbarer Satz ist: Eine Funktion ist genau dann im naiven Sinne berechenbar, wenn sie rekursiv ist.

Diese Churchsche These spielt in der Informatik eine zentrale Rolle. Sie besagt in der Praxis: Was überhaupt irgendwie berechenbar ist, kann auch am Computer ausgerechnet werden. Und ein komplizierterer Computer kann nicht mehr Funktionen berechnen, sondern nur die berechenbaren um einiges schneller.

Alonzo Church (links)

Weiters haben die rekursiven Funktionen zusammen mit dem von Alonzo Church entwickelten Lambda-Kalkül zur Entwicklung der Programmiersprache LISP geführt, die heute die wichtigste Programmiersprache der Artifiziellen Intelligenz ist.

Für den Bau der neuen Super-Computer der 5. Generation wurde in Japan die Programmiersprache PROLOG als Basis gewählt. PROLOG ist eine Abkürzung für „Programmieren in Logik“, d. h., die formale Prädikatenlogik selbst (genau genommen: der wichtigste Teil davon) wird als Programmiersprache verwendet. (Im Unterschied dazu führten die klassischen Programmiersprachen im allgemeinen nur Kommandos und Prozeduren aus.) Gödel hat im privaten Kreis wiederholt die Verwendung der formalen Prädikatenlogik als Programmiersprache gefordert, als noch kein Informatiker an das Funktionieren dieser glaubte. Heute bildet die logische Programmierung einen fundamentalen Bestandteil der Informatik.

Es gibt weitere Gründe, warum wir Kurt Gödel – neben Alan Turing und Johann von Neumann, dem Konstrukteur des ersten röhrengesteuerten programmierbaren Großrechners – als einen der Urväter der Artifiziellen Intelligenz bezeichnen können. Er hat schon 1931 (als erster) das gemacht, was heute jedem Programmierer selbstverständlich ist – nämlich Probleme der Wirklichkeit, die in der natürlichen Sprache formuliert sind, auf Zahlen abzubilden. Man nennt diesen Vorgang heute „Gödelisierung". (Siehe Kapitel 9)

8. Turing-Maschinen

Die Diskussion über die Intelligenz von Maschinen und über lernfähige Computer erhält ihre Basis durch die Auseinandersetzung mit Gödels Entdeckung und deren Anwendung auf Computer. Das „Halteproblem" exemplifiziert beide Seiten der Gödelschen Leistung. Es beleuchtet aber auch das Hintergrundproblem, in dem die Fäden von Mathematik, Technik und Kultur zusammenlaufen.

Aus den im vorhergehenden Kapitel angeführten Gründen wird klar, warum wir den Gödelschen Beweis am besten durch das Studium der Turing-Maschine verstehen können.

Definition der Turing-Maschine:

Eine Turing-Maschine kann man sich am ehesten als (digitalisiertes) Magnetophon vorstellen, das jedoch keine Musik wiedergibt, sondern Ziffern vom Magnetband abliest oder darauf schreibt. Diese Tätigkeit bildet einen Rechenvorgang ab. Eine korrekte Turing-Maschine sollte so konstruiert sein, daß sie nach einer endlichen Zeit zum Stillstand kommt. Nach Anhalten der Maschine bleibt ein Zeichen auf dem Band stehen, welches das Rechenergebnis darstellt.

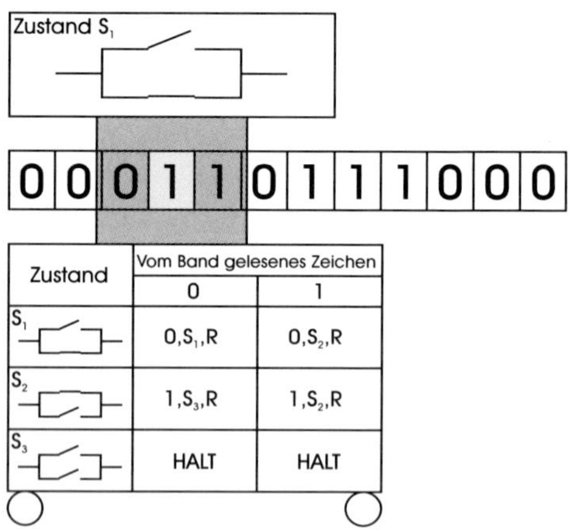

Turing-Maschine

Das geschieht wie folgt: Die Turing-Maschine hat einen bestimmten inneren Zustand, und der Lesekopf liest das Zeichen, welches gerade auf dem Band direkt vor ihm steht. Dieses Paar aus dem (inneren) Zustand und dem (äußeren) Zeichen bildet die Vorbedingung für den Befehl.

Die Turing-Maschine kann zu den jeweiligen Vorbedingungen den dazugehörigen Befehl ausführen und liefert ein Ergebnis. Ein Befehl ist eine mechanische oder elektronische Anweisung, die aufgrund des Aufbaus der Maschine durchgeführt wird. So ein Befehl kann z. B. lauten: Wenn die Turing-Maschine im Zustand Z ist und gerade das Symbol 0 liest, dann soll sie in den Zustand S übergehen und das Zeichen 1 drucken.

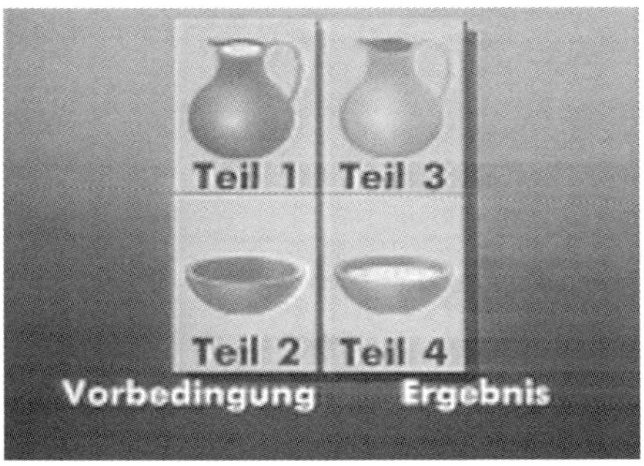

Quadrupel

Die vierte Komponente, nämlich das Drucken einer Ziffer als Ausgabe, könnte auch ersetzt werden, indem das Magnetband angewiesen wird, einen Schritt nach links oder einen Schritt nach rechts zu gehen. Das Wesentliche an so einem Befehl, d. h. um damit rechnen zu können, ist, daß er aus vier Teilen besteht. Er ist ein Quadrupel.

Jedes Quadrupel eines Turing-Befehls besteht aus zwei Paaren: Das erste ist die Vorbedingung, das zweite liefert das Ergebnis. Beide Paare bestehen aus einem Zustand (z. B. Z oder S) und einem Symbol (z. B. 0 oder 1, bzw. der Anweisung, nach links oder rechts zu gehen).

Die Menge aller Befehle denken wir uns in einer Liste angeordnet.

Ein einzelner Befehl könnte so aussehen:

Von Zustand Rot und Eingabe 0 gehe über in den Zustand Orange und Ausgabe 9.

Ein anderer Befehl wäre z. B.: Von Zustand Z und Eingabe E gehe über in Situation S und Ausgabe A usw.

Die in der Liste angeführten Befehle werden – im Unterschied zu anderen möglichen Verfahren – unabhängig von ihrer Reihenfolge abgearbeitet. Ein und die gleiche Vorbedingung darf daher nur dasselbe Ergebnis liefern, damit die Maschine eindeutig weiß, was sie zu tun hat. Da wir jeden Befehl nur einmal aufschreiben, darf daher jede bestimmte Vorbedingung in der Liste nur einmal vorkommen. Zwei Befehle mit der gleichen Vorbedingung sind also nicht erlaubt.

Turing-Tafeln:

Die Liste aller Befehle einer Turing-Maschine nennen wir ihre Turing-Tafeln, deren Kenntnis genügt, um mit den Turing-Maschinen exakt rechnen zu können. Uns interessieren natürlich in erster Linie die korrekten Turing-Maschinen, die nach Abarbeitung der Regeln irgendwann einmal zum Stillstand kommen, weil kein Befehl mehr auf der Liste ist. Zum Beispiel die Turing-Maschine mit dem einzigen Befehl „Z 0 S 1" kann, wenn ihr Anfangszustand Z und die Startinschrift am Band 0 ist, nur diesen einzigen Befehl ausführen und in den Zustand S mit Bandinschrift 1 übergehen. Dann hält die Maschine an, da es für die Vorbedingung S 1 keinen weiteren Befehl in der Turing-Tafel gibt.

Eine Turing-Maschine muß jedoch nicht immer anhalten; z. B. die Turing-Maschine mit dem einzigen Befehl „Z 0 Z 0". Startet diese Maschine im Anfangszustand Z mit der Bandinschrift 0 (mit einem Band also, auf dem der Lesekopf über der 0 steht), so bleibt sie im Zustand Z und schreibt die 0 wieder an die gleiche Stelle aufs Band. Das geht so weiter ohne Ende, da für die Maschine nach der Operation die gleichen Vorbedingungen da sind wie vor der Operation, nämlich Zustand Z und Bandinschrift 0.

Anstelle eines einzigen Befehls könnte eine endlos weiterlaufende Turing-Maschine natürlich auch eine ganze Liste von Befehlen haben, die alle aufs gleiche hinauslaufen, nämlich, daß der Endzustand identisch mit einer der Vorbedingungen ist und daher eine endlose Schleife entsteht.

Durch „Gödelisierung" der Turing-Tafel erhält man weiters ihre Gödelzahl, welche die Turing-Maschine ebenfalls eindeutig charakterisiert.

Die „Gödelzahl" berechnen wir durch eine systematische Zuordnung der Primzahlfaktoren zu Variablen, Sätzen und Beweisen der mathematischen Logik. So können wir mathematische Beweise mit arithmetischen Mitteln genau strukturieren. Diese einheitliche mathematische Sprache für Mathematik und Metamathematik erlaubte es Gödel, einen Satz zu konstruieren, der, da beiden Ebenen des Formalen Systems zugehörig, die Grenzen der Methode selbst zeigen konnte. Sein Satz: „Dieser Satz ist unbeweisbar" ist wahr und daher auch unbeweisbar in einem, denn er konnte ihn inhaltlich verifizieren, nicht aber formal beweisen.

„Mit der Gödelisierung hat man also eine Äquivalenz zwischen zwei Arten von Aussagen gefunden, insbesondere folgende: Jede Behauptung in der METASPRACHE, daß B ein Beweis von A ist, entspricht einer Zahlenaussage C in der OBJEKTSPRACHE (der auch A angehört), so daß C besagt: 'Es existiert eine Zahl b, die die Gödelnummer einer Formelfolge ist, die ein Beweis B von A ist.'"[55]

Wir konstruieren hier jedoch einen einfacheren Code als die Gödelzahl, indem wir die Turing-Tafel einer Maschine als Liste von Zahlen vercoden. Jedem Befehl einer bestimmten Tafel entspricht genau eine Zahl, die sich aus dem Befehl eindeutig ausrechnen läßt: Schreibt man die einzelnen Zahlen, die den Befehlen entsprechen, unmittelbar hintereinander und ohne Zwischenräume auf, erhält man wieder eine Zahl, diesmal aber eine sehr lange, welche der Code dieser bestimmten Turing-Maschine ist. Er sei z. B. 30717576 ...

Diese Zahl denken wir uns aufs Band einer besonderen Turing-Maschine geschrieben, die wir „Halteprüfmaschine" (= HPM) nennen wollen. Sie soll prüfen, ob die andere Turing-Maschine mit dem Code 30717576 usw. korrekt ist (= bei einer beliebigen Eingabe auch immer hält). Dazu schreiben wir den Code auf das Band der HPM und starten sie. Die Zahl, die dann auf dem Band stehenbleibt – falls die HPM überhaupt hält –, ist dann das Rechenergebnis, welches uns darüber Auskunft erteilt, ob die geprüfte Turing-Maschine immer anhält oder nicht.

Halteproblem und Unentscheidbarkeit:

Wir haben im Kapitel 7 die Korrespondenz von Gödels Unvollständigkeitssatz im Formalen System – als speziellen Fall der Churchen Unentscheidbarkeit – mit der Unlösbarkeit von Turings Halteproblem vorgestellt. Der Gödelsche Beweis liefert jedoch nur eine Klasse (von ganz speziell konstruierten) wahren Sätzen, die unentscheidbar sind. Die allgemeine Frage ist jedoch, ob es überhaupt einen Algorithmus gibt, der für beliebig vorgelegte Sätze überprüfen kann, ob sie in der Prädikatenlogik ableitbar sind, bzw. wenn dies nicht der Fall ist, dies ebenfalls feststellen kann. Diese Frage wurde von Alonzo Church 1936 gelöst und mit nein beantwortet.

Das Halteproblem ist nun folgendes: Gibt es eine universelle Turing-Maschine (wir nennen sie hier Halteprüfmaschine HPM, in der Praxis ist es aber ein Computer), die für jede beliebige Turing-Maschine prüfen kann, ob sie (bei beliebigem Input) immer anhält oder nicht? Die Denkunmöglichkeit einer solchen Halteprüfmaschine, also die Unlösbarkeit des Halteproblems, ist genau das (in die Maschinensprache der Turing-Maschinen übersetzte) Äquivalent zum Churche'schen Unentscheidbarkeitsproblem, das den Gödelschen Unvollständigkeitssatz impliziert.

Zu diesem Zweck konstruieren wir hier folgendes:

Universelle Halteprüfmaschine

Der Code sei beispielsweise 1234567890 ..., weil diese Zahlenfolge leicht zu merken ist. Wenn nun dieser Code auf dem Band geschrieben steht, und die Maschine ihren eigenen Code liest, dann tritt der Fall ein, daß die universelle HPM nicht anhält, zugleich jedoch aus logischen Gründen anhalten müßte! Die HPM kann nur auf eine bestimmte Art und Weise aufgebaut sein, sodaß man diesen Widerspruch mit mathematischen Mitteln exakt beweisen kann. Daher kann eine solche HPM nicht existieren.

Der Beweis des Halteproblems:

Da die Unlösbarkeit des Halteproblems (HP) eine Computerversion der Unentscheidbarkeit in der mathematischen Logik ist, wollen wir einen reinen Computerbeweis dieses Tatbestandes der Gödelschen Entdeckung führen:
Der genaue Beweis für die Unlösbarkeit des HP wird, wie eben, mit dem „Trick" der Selbstreferenz geführt, die wir bereits in früheren Kapiteln kennengelernt haben.[56]

Beim selbstreferentiellen Lesen (= Lesen des eigenen Codes) unterteilen wir alle Turing-Maschinen in zwei Typen: in Egoisten und Altruisten.

Wir definieren die Egoisten als Maschinen, die beim Lesen des eigenen Codes anhalten. Die Altruisten definieren wir als deren Gegenteil, also als Turing-Maschinen, die beim Lesen des Eigencodes endlos weiterlaufen.

Außerdem spalten wir die HPM in zwei Teile auf und konstruieren zwei halbe HPM: den Checker und den Experimentator. Der Checker, welcher die Egoisten erkennt, ist so gebaut, daß er anhält, wenn er den Code eines Egoisten liest.

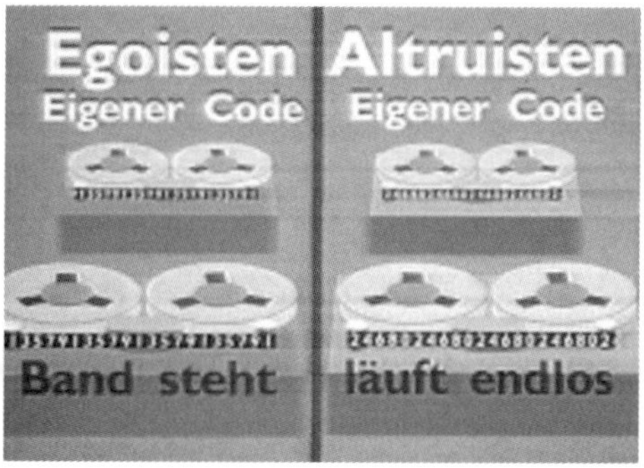

Egoisten und Altruisten

Checker liest Egoisten-Code

Liest der Checker einen Altruistencode, dann läuft sein Band weiter.

Checker liest Altruisten-Code

Experimentator liest Altruisten-Code

Das Gegenstück zum Checker ist der Experimentator, der die Altruisten erkennen soll, indem er (nur) beim Code eines Altruisten anhält.

Experimentator liest Egoisten-Code

Liest der Experimentator den Code eines Egoisten, läuft sein Band endlos weiter.

Eingabe einer beliebigen TM simultan in Checker und Experimentator

Wollen wir untersuchen, ob eine beliebige Turing-Maschine beim Lesen des Eigencodes anhält oder nicht, müssen wir ihren Code simultan beiden Teilen der HPM geben, denn eine von ihnen müßte anhalten.

Wir können jedoch zeigen, daß es den Experimentator gar nicht geben kann! Und wir daher kein Mittel haben, die Altruisten zu erkennen. Wir stellen dazu die Frage: Ist der Experimentator ein Egoist?
Wir klonen (und verdoppeln damit) den Experimentator und stellen ihn in den linken oberen Quadranten der Egoisten: Er bleibt jedoch ein und dieselbe Turing-Maschine. Als Egoist müßte er beim Lesen seines eigenen Codes das Band anhalten. So sind die Egoisten definiert. Laut seiner Definition als Experimentator müßte er jedoch beim Lesen des Egoistencodes endlos weiterlaufen. Sein Band soll also zugleich anhalten und weiterlaufen! Widerspruch.
Man könnte nun glauben, er sei ein Altruist. Weit gefehlt! Wir verdoppeln ihn wieder, und er bleibt die gleiche Turing-Maschine, die ihren eigenen Code ließt. Als Altruist müßte er beim Lesen des eigenen Codes endlos weiterlaufen. (Denn Maschinen, die beim Lesen des Eigencodes stoppen, sind ja Egoisten.) Als Experimentator müßte er jedoch

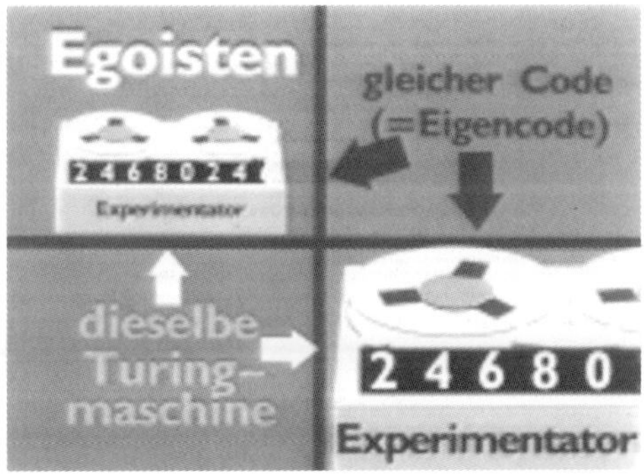

Experimentator prüft Egoisten

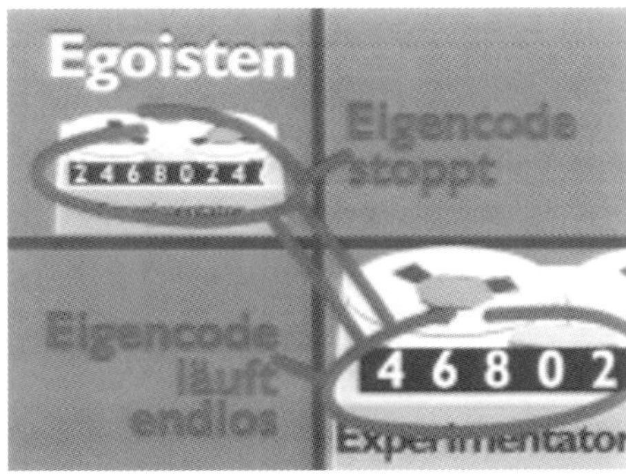

Experimentator als Egoist liefert Widerspruch

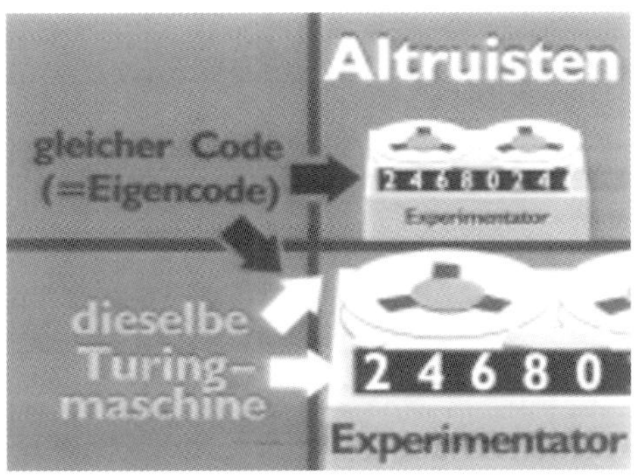

Experimentator prüft Altruisten

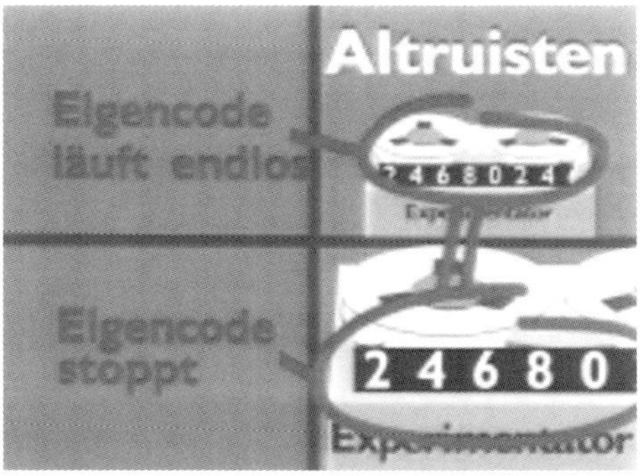

Experimentator als Altruist liefert Widerspruch

beim Lesen des Altruistencodes anhalten. So wurde der Experimentator definiert.

Wir finden einen analogen Widerspruch wie vorher: Er müßte weiterlaufen und zugleich anhalten!

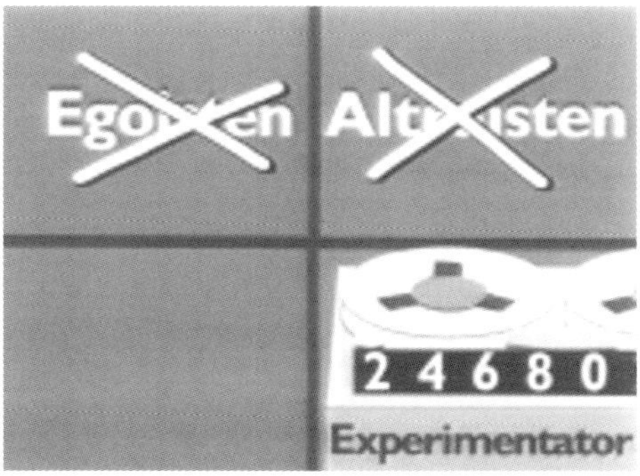

Experimentator kann weder Egoist noch Altruist sein, daher denkunmöglich

Eine universelle HPM ist daher denkunmöglich. Als Quintessenz folgt daraus: Das HP ist unlösbar und für den Programmierer bedeutet das, daß es kein Computerprogramm geben kann, das imstande ist zu entscheiden, ob andere beliebig vorgelegte Programme richtig oder falsch sind. Programme mit Endlosschleifen können also nicht erkannt werden. Das könnte nur eine Turing-Maschine, die wie ein Orakel funktioniert. Sie müßte wie ein Gott allwissend sein oder alles erraten können.

9. Die Grundlagenkrise der Mathematik

Die höhere Exaktheit der modernen mathematischen Logik wie auch die Widersprüche der Mengenlehre brachten eine Weiterentwicklung der Mathematik mit sich, die den inspirierenden Hintergrund der Gödelisierung der Mathematik, deren Stellenwert und Folgen beleuchten.

Ideengeschichtliches Vorfeld des Gödelschen Beweises:

Bereits Raimundus Lullus (ca. 1235–1315) hatte die Vision, einen Calculus Ratiocinator zu erstellen.

Seit Leibniz und Boole wird die Mathematik als die Sprache der universellen Wahrheit und des richtigen Denkens gesucht. Zu Beginn des 20. Jahrhunderts ist dieser Versuch, eine mathematisch-logische Antwort auf die philosophische Frage nach der Wahrheit zu geben, selbst hinterfragt worden. In den Entwicklungen und Auseinandersetzungen mit den eigenen Quellen ist die Mathematik in eine Grundlagenkrise geschlittert. Im wesentlichen ging es dabei um die Selbstbezüglichkeit in der Mengenlehre wie auch um die Antworten auf Cantors Entdeckung des aktual Unendlichen.

So wurden die an den Ursprüngen des Denkens liegenden Fragen nach Wahrheit und Logik (Epimenides-Paradoxon, siehe Kapitel 7) und nach dem Status der Welt am Schnittpunkt zwischen Endlichkeit und Unendlichkeit (Parmenides „Peiron-Apeiron“) neu gestellt und mit exakten Mitteln des 20. Jahrhunderts neu beantwortet.

Drei Schulen sind hauptsächlich aufgetreten, welche die Probleme der Grundlagendiskussion zu lösen vorgaben.

Der Logizismus:

Diese Denkschule ist von zwei Platonisten begründet worden. Gottlob Frege (in Jena) und Bertrand Russell (in Cambridge) benutzten die gleiche Methode zur Fundierung der Mathematik, obwohl sie verschiedene Wege gingen.

Gottlob Frege

Es war deren gemeinsamer Anspruch, die Mathematik auf die Logik zurückzuführen. Doch als Frege sein berühmtes Werk „Die Grundgesetze der Arithmetik" (1893: 1. Band und 1903: 2. Band) beendete, mußte er das niederschmetternde Bekenntnis ablegen:

„Meine Anstrengungen, über das ins Klare zu kommen, was man Zahl nennt, haben zu einem Mißerfolg geführt. (...) Ich habe die Meinung aufgeben müssen, daß die Arithmetik ein Zweig der Logik sei und daß demgemäß in der Arithmetik alles rein logisch bewiesen werden müsse."[57]

Es war jedoch seltsamerweise Russell, der Frege auf die Widersprüche aufmerksam machte, aber dennoch denselben Weg fortsetzte. Von Frege und Peano hatte Russell nämlich die These der Logifizierung der Mathematik übernommen. Eine rein analytisch abgeleitete Mathematik sollte möglich sein. (Unter „analytischen Urteilen" verstehen wir solche, in denen die Prädikate implizite Bedeutungen des Subjekts explizieren; insofern besteht eine bestimmte Ähnlichkeit zu den bereits in Kapitel 7 genannten rekursiven Funktionen, die später so zentral werden sollten.)

Bertrand Russell

Schon in seinem Frühwerk „Grundlagen der Arithmetik" (1884) wollte Frege für die Arithmetik (bzw. für die Zahlentheorie) eine rein logische Begründung geben. Frege und Zermelo haben gezeigt, wie die natürlichen Zahlen aus dem Nichts – d. h. aus der leeren Menge – konstruiert werden können, wenn die Operationen der Mengenlehre angewandt werden.[58] So wäre die Mathematik nur eine Fortsetzung der Logik und damit Platonismus und philosophischer Realismus.

Alfred North Whitehead und Bertrand Russell wollten das gleiche Ziel bezüglich der ganzen Mathematik erreichen und versuchten dies in ihrer „Principia Mathematica" (1910). Zur gleichen Zeit als Kurt Gödel seine Kindheit in Brünn verlebte, schrieben sie dieses Werk von ca. 1000 Seiten, dessen Manuskript so schwer war, daß es mit einem Pferdefuhrwerk zur Druckerei transportiert werden mußte. Es war eben dieses Werk, das Gödel zum Ausgangspunkt seines berühmt gewordenen „Unvollständigkeitssatzes" nahm.

Lord Bertrand Russell war es auch, der 1902 in der „naiven" Mengenlehre Cantors den Grundwiderspruch entdeckte (der dann zur Weiterentwicklung der Mengenlehre in ihren verschiedenen Variationen geführt hat): Ist die Zusammenfassung aller Mengen, die sich nicht selbst als Element enthalten, auch eine Menge? Laut Cantor bildet jede Zusammenfassung wohlunterschiedener Objekte unseres Denkens und unserer Anschauung eine Menge. Daher sollte auch die Zusammenfassung aller Mengen, die sich nicht selbst als Element enthalten, eine Menge sein. Russell konnte jedoch aus dieser Tatsache rasch einen Widerspruch herleiten, was bedeutet, daß die Naive Mengenlehre inkonsistent ist. Die Selbstbezüglichkeit, die Spannung zwischen Sprache und Metasprache, wurde hier zum ersten Mal thematisiert. Syntax und Semantik, Form und Inhalt, gerieten hier zum offensichtlichen Widerspruch.

Russell formulierte seine berühmte Antinomie als die Geschichte des Barbiers in einem englischen Dorf, der mit dem Bürgermeister einen Vertrag abschloß, welcher besagte, daß der Barbier all jene Bewohner des Dorfes rasieren soll, die sich nicht selbst rasieren. Zu Jahresende verweigert der Bürgermeister die Bezahlung mit der Begründung, der Barbier habe den Vertrag nicht erfüllt. Er hätte sich selbst nicht rasieren dürfen. Denn laut Vertrag sollte er ja genau all jene Bewohner rasieren, die sich nicht selbst rasieren. Daraus folgt jedoch, daß er nur diese Nicht-selbst-Rasierer bearbeiten darf. Selbst-Rasierer, wie sich selbst, dürfe er nicht rasieren! „Zu dumm", ärgert sich der Bartscherer, „ein zweites Mal passiert mir das nicht!" und engagiert sich vom Nachbardorf den Rasierer, der ihn rasieren soll. Doch am Ende des Jahres verweigert der Bürgermeister abermals die Bezahlung! „Wieso?", frägt der Barbier. Er hätte sich selbst, laut Vertrag, rasieren müssen, da er aber vom Bartscherer des Nebendorfes rasiert wurde, gebühre ihm kein Geld. Er war ja ein Nicht-selbst-Rasierer, und die Notlösung mittels des anderen Barbiers löse das Problem nicht. Was soll er nun tun? Einen neuen Vertrag aushandeln? Aber auch ein anderer Vertrag ist unerfüllbar, wenn die Bedingungen selbst widersprüchlich sind.

Frege ergeht es wie diesem Handwerker in Russells Geschichte. Da die in seinem System gesetzten Vorbedingungen einander ausschließen, ist sein Programm des Logizismus unerfüllbar und daher gescheitert.

Georg Cantor

Nach der Russellschen Antinomie wurden noch weitere Antinomien bekannt, z. B. die von Cesare Burali-Forti (1861–1931), welche besagt, daß die Menge aller Ordnungszahlen auf Grund ihres Aufbaus auch eine Ordnungszahl ist – und daher in sich selbst enthalten sein muß. Schließlich gestand auch Georg Cantor (1845–1918), daß er schon 1889 entdeckt hat, daß die Menge aller Mengen zu einem Widerspruch führt, dies jedoch geheim gehalten hat, damit die Mathematiker seine Mengenlehre nicht ablehnen. Diese Antinomien, nämlich die Kollektion von Mengen zu Gesamtheiten, die keine Menge bilden können, wurden dadurch aufgelöst, daß Zusammenfassungen zunächst nur Klassen bilden und daß von jeder Klasse extra festgelegt werden muß, daß sie eine Menge ist. (Falls das überhaupt möglich ist: Die Cantorsche Klasse aller Mengen ist dann keine Menge, sondern eine Proper-Klasse.) Die Festsetzung von bestimmten Klassen als Mengen (z. B. der Klasse aller natürlichen Zahlen) geschieht durch Axiome (z. B.: N ist eine Menge). Die axiomatische Mengenlehre war damit geboren.

Zu den Begründern und Wegbereitern der Denkschule des Logizismus in Deutschland können wir auch Richard Dedekind (1831–1916) und Karl Weierstraß (1815–1897) rechnen. Sie begannen Analysis und Geometrie auf die Arithmetik zurückzuführen. Dedekind war ein Freund Cantors und befaßte sich, angeregt durch diesen, mit Problemen der Mengenlehre und transkribierte die Zahlentheorie mittels der „Quantoren" – 'alle' und 'es gibt' – in die Logik. Die Mengenlehre, selbst im Grenzbereich von Logik und Mathematik gelagert, wurde so zur entscheidenden Stufe der Logifizierung der Mathematik.

Neben Jena und Cambridge war Wien, mit seiner Tradition von Bernhard Bolzano (1781–1848), die 3. Schule des Logizismus. Dieser freidenkerische Theologe – 1813 erhielt er Lehrverbot, da ihn Metternich als Staatsfeind betrachtete – war einer der Vordenker der Mengenlehre und beschäftigte sich bereits in den 1851 posthum erschienenen „Paradoxien des Unendlichen" mit den Fragen, die dann 30 Jahre später von Cantor ausformuliert wurden.

Auch Vertreter des „Wiener Kreises" – besonders Rudolf Carnap, ein Schüler von Frege und Lehrer und Gesprächspartner von Gödel – und der frühe Wittgenstein wollten die Mathematik auf die logischen Begriffe zurückführen.[59] Beide – Carnap wie Wittgenstein – können daher während dieser Phase ihrer Arbeit Logizisten genannt werden.

Das Spezifische der Wiener Schule ist der Versuch, nicht nur mathematische oder logische Sachverhalte zu formalisieren, sondern Analoges für den empirischen Aufbau der Welt und unseres Wissens über die Welt zu leisten. Sie verwendeten logische Modelle zu diesem Zweck und entwickelten eine eigene logische Sprache zum Aufbau der Welt.

Die Analyse der Wissenschaften hat ja schon seit dem 19. Jahrhundert eine langbewährte Tradition in Wien. (Siehe Kapitel 4: Der Wiener Kreis.)

Durch das berühmte Werk von Russell und Whitehead hatte der Logizismus immerhin jene wichtige Leistung vollbracht, einen Großteil der klassischen Mathematik in ein einziges Formales System zu gießen. Durch die klare Formalisierung kam man einem Beweis der Widerspruchsfreiheit näher, die das große Interesse Hilberts war, von den Logizisten jedoch nie gefordert wurde.

Der Intuitionismus:

Nach der Schule der Logizisten bildete die Denkrichtung des holländischen Topologen Luitzen Egbertus Jan Brouwer, in Amsterdam, den zweiten bedeutenden Lösungsversuch der mathematischen Grundlagenkrise.

Luitzen E. J. Brouwer

Der Kritik Brouwers ging bereits im 19. Jahrhundert die Zurückweisung der Mengenlehre und ihres aktual Unendlichen durch L. K. Kronecker voraus. Wie Willard Van Orman Quine feststellte: „The modern controversy between logicism and intuitionism arose, in fact, from the disagreement over infinity“. [60]

Wie wir bereits im 1. Kapitel sahen, brachten die Nachforschungen rund um Euklids „unendliches“ Parallelaxiom die große Wende der Geometrie zum nicht-euklidischen Raum. Ähnliches erleben wir hier im Bereich der Arithmetik.

Kronecker sagt dazu: „Selbst der allgemeine Begriff einer unendlichen Reihe (...) ist meines Erachtens nur mit Vorbehalten zulässig, da in jedem speziellen Falle auf Grund des arithmetischen BILDUNGSGESETZES der Glieder (...) gewisse Voraussetzungen als erfüllt nachgewiesen werden, welche die Reihen wie endliche Ausdrücke anzuwenden gestatten.“ [61]

(Die Frage nach der Konstruktionsmöglichkeit – constructability – bewegt bis heute die Geister der Mathematik.)

Die Geschlossenheit des aktual Unendlichen und dessen Formulier- und Aussagbarkeit in der formalen Sprache waren die zentralen Punkte der Kritik Brouwers. Ihre vom Nominalismus entsprungene Inspiration wurde deutlich und klar in mathematischen Formeln und Aussagen formuliert, und Brouwer entwickelte eine eigene Zahlentheorie: „Seit 1907 habe ich (...) folgende These verteidigt: daß das KOMPREHENSIONSAXIOM, auf Grund dessen alle Dinge, welche eine bestimmte Eigenschaft besitzen, zu einer Menge vereinigt werden, (...) unzulässig bzw. unbrauchbar sei, und der Mathematik notwendig eine KONSTRUKTIVE Mengendefinition zugrunde gelegt werden müsse.“ [62]

Da uns der Bereich des Unendlichen nicht gegeben ist, können wir daher a priori nicht die logischen Gesetze darauf anwenden, noch viel weniger diese dazu benützen, eine axiomatisierte Theorie darauf aufzubauen.

Der wichtigste Baustein der intuitionistischen Konstruktion der Mathematik ist der Begriff der Einheit bzw. „Zweieinigkeit“ (Brouwer). Die ganzen Zahlen müssen als Einheiten behandelt werden, die sich nur durch ihren Platz in der Reihe der ganzen Zahlen voneinander unterscheiden. Die „Zwei-einigkeit“ bedeutet das Moment des Klassifizierens bzw. Zählens in der Zeit, des Konstruierens. Der Intuitionist vertritt daher den Standpunkt, daß jede Aussage über eine unendliche Struktur – und die Zahlen sind keine wohldefinierte Totalität – nur auf der Basis verifizierbarer Aussagen bewiesen werden kann. Solche Aussagen können entweder über einen endlichen Teil dieser Struktur gemacht werden oder über die Regeln für die Produktion aller Zahlen bzw. unendlicher Teilstrukturen (aus den endlichen Anfängen einer unendlichen Struktur).

Die einzelnen Schulen des Intuitionismus (Luitzen Egbertus Jan Brouwer, Arend Heyting, Hermann Weyl, Oskar Becker) gehen davon aus, daß wir durch keine endliche Anzahl von Axiomen all das charakterisieren können, was wir intuitiv als korrekte Beweismethoden anerkennen.

In seiner Wiener Rede (1928) unterließ es Brouwer daher nicht, noch einmal auf die Unzuverlässigkeit der Sprache hinzuweisen und die Freiheit des Geistes hervorzuheben. Gödel besuchte diesen Vortrag, und Brouwers Rede klang bereits wie die Hauptvariante der Auslegung des Gödelschen Satzes. Nach Brouwer können alle Definitionstypen und Beweismuster unendlich vermehrt werden, sodaß deren Konstruktionsregeln nie abgeschlossen werden können, ganz zu schweigen von deren axiomatisierter Formalisierbarkeit. Außerdem hat Brouwer Karl Menger so beeinflußt, daß er zu ihm nach Amsterdam als Assistent ging.

Menger und DePauli in Kirchberg am Wechsel, 1978

Der Formalismus:

Diese Schule (David Hilbert, Johann von Neumann, Haskell B. Curry) fordert als höchstes Ideal einen Beweis für die Widerspruchsfreiheit und die Methodenreinheit. Die von Russell aufgezeigten Probleme blieben bestehen, und Hilbert suchte nach einem neuen Weg der Lösung. Einerseits waren die rein logischen Lösungen als widersprüchlich erkannt, andererseits formulierte Hilbert: „Aus diesem Paradies, das Cantor uns geschaffen hat, soll uns niemand vertreiben können.“[63]

Der Weg, den David Hilbert in Göttingen beschritt, baute auf der zentralen Forderung nach Widerspruchsfreiheit auf. „Es ist nötig, durchwegs dieselbe Sicherheit des Schließens herzustellen, wie sie in der gewöhnlichen niederen Zahlentheorie vorhanden ist, an der niemand zweifelt, und wo die Widersprüche und Paradoxien nur durch unsere Unaufmerksamkeit entstehen".[64]

Das wollte Hilbert erreichen, indem er in den Formalen Systemen, die er wohl von Frege und Russell übernommen hatte, nur endlich große Sätze und endlich lange Beweisführungen zuließ. Das Transfinite wurde nur zugelassen, wenn es mit endlichen und konstruktiven Beweisen erzeugt werden konnte. Es mußten daher die Inhalte so formalisiert werden, daß sie mit finiten Mitteln als widerspruchsfrei bewiesen werden konnten.

Unter finiten Mitteln versteht man im wesentlichen solche, die entweder der Aussagenlogik entstammen, oder wo die transfiniten Schlußweisen der Prädikatenlogik beseitigt oder stark eingeschränkt sind (z. B. auf rekursiv aufzählbare Axiomensysteme).

Finit ist hier also ein Terminus Technicus mit einer präzisen Bedeutung. Da im Englischen „finite" jedoch schlicht und einfach „endlich" heißt, hat Stephen Cole Kleene vorgeschlagen, statt dessen „finitary" zu verwenden, welcher Konvention auch wir uns anschließen wollen, und von nun an „finitär" oder „finitistisch" sagen werden.

Hilbert verlagerte also den Schwerpunkt der Aussagen auf die Beweismethoden: „An Stelle der Aussagen über Zahlzeichen treten Formeln, die ihrerseits nun konkrete Objekte einer anschaulichen Betrachtung sind; und an die Stelle des inhaltlich zahlentheoretischen Beweises tritt die Ableitung einer Formel aus einer anderen Formel nach gewissen Regeln."[65]

In dieser Denkweise wurden die Kalküle der Prädikatenlogik entwickelt und auf deren Widerspruchsfreiheit und Vollständigkeit hin untersucht. Dabei wurde unter Widerspruchsfreiheit folgendes verstanden: Entweder kann eine Aussage abgeleitet werden oder deren Negation, jedoch nicht beide. Unter Vollständigkeit ist die „Umkehr" der Widerspruchsfreiheit zu verstehen, d. h., daß jede sinnvoll formulierbare Aussage entweder bewiesen oder widerlegt werden kann. Die Prädikatenlogik wäre damit die Beweis-Maschinerie, mit der die wichtigsten klassischen mathematischen Disziplinen (wie Zahlentheorie, Algebra, Analysis, etc.) untersucht werden können, indem man deren Axiomensysteme der Prädikatenlogik anfügt. Damit verlagert sich die Frage nach der Vollständigkeit und Widerspruchsfreiheit der Disziplinen.

Hilberts Hauptproblem war also der Beweis der Gültigkeit der transfiniten Beweisführung von einem finitistischen Standpunkt aus. In der Beseitigung der transfiniten Schlüsse aus den Beweisen (von Formeln, die sehr wohl infinite Symbole enthalten durften) sah er diese Möglichkeit. Denn wenn schon der Gehalt einer klassischen mathematischen Aussage nicht immer finitär verifiziert werden kann, so könnte es (hoffentlich!) zumindest ihre Widerspruchsfreiheit.

Er betrachtete die klassische Mathematik rein syntaktisch als ein kombinatorisches Spiel mit primitiven Symbolen, und er bestimmte in einer finitären Weise, zu welchen Kombinationen von komplexen Symbolen die Konstruktionsmethoden oder Beweise führen.

Darin aber lag die Wurzel des Problems, denn syntaktische Widerspruchsfreiheit und Vollständigkeit beweisen noch keine semantische Vollständigkeit. Diese besagt nämlich, daß jede Aussage, die nicht aus dem Formalen System ableitbar ist (also im formalen Sinne nicht als wahr bewiesen werden kann), wenigstens als widerspruchsvoll aufgezeigt werden muß, also semantisch widersprüchlich ist.

Die Beweismaschinerie der Prädikatenlogik besteht aus Axiomen und Ableitungsregeln. Hinzu kommen eine Reihe von Hilfswerkzeugen wie z. B. die Definitionshierarchie. Diese drei Komponenten bilden die Syntax der Prädikatenlogik, welche die Beziehungen zwischen den Symbolen regelt. Ihr Gegenstück ist die Semantik; diese behandelt die Beziehungen der inhaltlichen Begriffe der Prädikatenlogik (wie z. B. Allgemeingültigkeit, Erfüllbarkeit, logische Folgerung, Interpretation, Modell etc.) untereinander sowie deren Verhältnis zur Syntax.

Der zentrale Begriff der Syntax ist die Ableitbarkeit einer Aussage. Der zentrale Begriff der Semantik ist die Allgemeingültigkeit einer Aussage. (Das ist dann der Fall, wenn die Aussage über jeder Struktur gültig ist. Ist sie nur über einer oder mehreren Strukturen gültig, nicht aber über allen, sagt man, sie ist erfüllbar oder besitzt ein Modell. Ist eine Aussage allgemeingültig, so ist ihre Negation nicht erfüllbar, das heißt also, es gibt kein Modell dafür.) Jedes vernünftige Beweissystem muß die Forderung erfüllen, daß darin nur allgemeingültige Formeln abgeleitet werden können: Wenn etwas ableitbar ist, muß es auch allgemeingültig sein. Das nennt man Korrektheit. Die umgekehrte Forderung aber ist die, daß alle allgemeingültigen Formeln auch ableitbar sein sollen. Das ist die Vollständigkeit.

Ein erster Vollständigkeitsbeweis für die Prädikatenlogik erster Stufe war Leopold Löwenheim 1915 in seinem Aufsatz „Über die Möglichkeiten im Relativkalkül" gelungen. Er zeigte, daß ein wohlgeformter Satz, der im unendlichen Bereich (bzw. in einer Struktur darüber) gültig ist, auch im abzählbaren Bereich gültig ist und daher ein Modell hat. Herbrand und Behmann, besonders jedoch Skolem verbesserten diesen Beweis. Skolem nahm dadurch bereits 1922 Gödels Vollständigkeitsresultat von 1930 implizit vorweg.

Gödel zur Zeit der Arbeit an seiner Dissertation

Gödel zeigte die Vollständigkeit der Prädikatenlogik durch die Konstruktion eines „maximal widerspruchsfreien" Modells, wo immer wieder neue Formeln zu bereits konstruierten Mengen hinzugefügt werden können. Dieser infinitäre Konstruktionsprozeß ist jedoch nicht konstruktiv. Das heißt, im vorher erwähnten Sinne, letztlich nicht durch ein endliches Verfahren erzeugbar.

Es war damals keineswegs selbstverständlich, ob das Gödelsche Resultat – wegen des Fehlens der effektiven Konstruierbarkeit – auch von den führenden Mathematikern seiner Zeit anerkannt werden würde. Diese Arbeit war Gödels Dissertationsleistung und wurde im Oktober 1929 approbiert und 1930 in den „Monatsheften für Mathematik und Physik" mit dem Titel „Die Vollständigkeit der Axiome des logischen Funktionenkalküls" veröffentlicht.

Gödel selbst äußerte sich zum Disput mit Skolem am 14. August 1964: „Was Skolem gerechterweise hätte beanspruchen können, aber offensichtlich nicht tat, ist, daß er in seiner Arbeit von 1922 implizit bewiesen hat: Entweder A ist nicht beweisbar, oder nicht-A ist erfüllbar (gültig in einer bestimmten Struktur). Jedoch, da er dieses Resultat nicht klar formulierte (und es auch ihm selbst nicht ganz klar war), scheint dieses Resultat vollkommen unbekannt geblieben zu sein, was auch aus der Tatsache folgt, daß Hilbert und Ackermann in ihrem Buch von 1928 („Grundzüge der theoretischen Logik") es in Beziehung auf ihre Vollständigkeit nicht erwähnen."[66]

Gödels Unvollständigkeitsbeweis:

Durch Hilberts Finitismus hatte also eine Akzentverschiebung von der Frage nach der Wahrheit einer mathematischen Aussage zu ihrer Entscheidbarkeit bzw. formalen Beweisbarkeit innerhalb eines konsistenten Systems stattgefunden. Wie wir gesehen haben, verbindet Hilbert Mathematik und metamathematische Beweistheorie, um die Frage infinitärer Aussagen zu lösen.

Die formale Unbeweisbarkeit von falschen Aussagen – z. B. der Formel 1 = 2 – durch diese Methoden wird Konsistenz (= Semantische Widerspruchsfreiheit) genannt. (Dieses Problem läßt sich auch syntaktisch formulieren: Wenn wir ein Formales System haben, das so weit entwickelt ist, daß wir es axiomatisieren können, dann besteht dessen Konsistenzproblem nur mehr darin, aufzuspüren, ob es mindestens eine Aussage gibt, die nicht ableitbar ist. Denn wegen „Ex falso quodlibet" wären aus einem inkonsistenten System alle Aussagen ableitbar.)

Nach dem Beweis der Vollständigkeit der Prädikatenlogik hat die mathematische Gemeinschaft allgemein erwartet, daß nun auch bald die Vollständigkeit der Arithmetik (und später auch die der axiomatischen Mengenlehre und überhaupt der gesamten Mathematik) gezeigt werden kann.

Umgekehrt: Um die Unvollständigkeit der Arithmetik zu zeigen (wie Gödel dies wollte), braucht man (ebenso wie bei der syntaktischen Konsistenz) mindestens einen Satz, der nicht ableitbar ist, im Gegensatz zu vorher aber zusätzlich wahr ist. (Dadurch wird das Formale System zwar nicht unbrauchbar, jedoch nur beschränkt verwendbar.) Genau das aber gelang Gödel mit der Konstruktion seines Satzes G, und er bewies damit, daß Ableitbarkeit verschieden von Wahrheit (= Allgemeingültigkeit oder Gültigkeit bei allen Interpretationen) ist.

Der Satz G ist ein objektsprachlicher Satz der Arithmetik, der bei ihrer Standard-Interpretation via Gödelisierung seine eigene Unableitbarkeit bedeutet.

Gödel fing sein Studium des Hilbertschen Programms etwa 1928 an. Einer seiner wichtigsten Inspiratoren war sein Lehrer Carnap, da dieser schon vor Gödel daran interessiert war, zwecks einer exakten Analyse der Mathematik ein Begriffssystem zu schaffen, das möglichst die gesamte klassische Mathematik umfassen sollte.

Das war bereits in Hilberts Programm eingeschlossen. Nur haben sich Hilbert und seine Schule zu wenig überlegt, ob die sprachlichen Mittel, die sie von den finitären Vorlagen Freges und Russells übernommen hatten, wirklich für ihre Zwecke ausreichten.[67] Schließlich hatten sich ja Frege und Russell keinen Widerspruchsfreiheitsbeweis vorgenommen. Für ihre Zwecke war die Vollständigkeit der Formalisierung auch nicht wesentlich. Sie wollten die Mathematik logisch fundieren, stellten aber angesichts der Paradoxien des Unendlichen keine Absolutheitsansprüche bezüglich ihrer Beweise.

In der Formalsprache gibt es nur abzählbar viele Formeln, in der mathematischen Realität aber überabzählbar viele Objekte (z. B. die Menge der reellen Zahlen, und die waren ja Cantors Ausgangspunkt für seine Theorie verschiedener Unendlichkeiten, bzw. Mächtigkeiten, wie er sie nannte).

Unter Abzählbarkeit einer Menge versteht man die Möglichkeit ihrer eindeutigen Abbildung auf die Menge der natürlichen Zahlen N, der „ersten Mächtigkeit". Diese Abbildung mittels einer Funktion wird Abzählung genannt. Cantor konnte in seinem (zweiten) Diagonalverfahren beweisen, daß die Menge der reellen Zahlen oder die Punkte auf einer Kurve nicht abzählbar, d. h. überabzählbar sind. Von daher war es unmöglich, sie auf die Menge der unendlichen Reihe der natürlichen Zahlen abzubilden. Deshalb hat die Menge der reellen Zahlen eine höhere Mächtigkeit als die der natürlichen Zahlen. Die Menge ist intuitiv gegeben, kann aber nicht effektiv konstruiert werden. Die Mannigfaltigkeit der mathematischen Intuition mit ihren überabzählbar vielen Zahlen übersteigt daher die Möglichkeit ihrer formalen Aussagbarkeit, wegen den nur abzählbar vielen Formeln. Da für jede reelle Zahl r ihre Identität mit sich selbst ($r = r$) gilt, hat man überabzählbar viele wahre Sachverhalte, jedoch nur abzählbar viele davon können in der Sprache der Prädikatenlogik ausgedrückt werden.

Es muß daher mindestens einen wahren Satz geben, der nicht in der Sprache vorkommt und umso weniger ableitbar ist. Als Platonist war Gödel das völlig klar. Daraus aber folgt sofort die Unvollständigkeit der Formalen Systeme von Hilberts Finitismus.

Gödel selbst erwähnte diesen Zusammenhang 1931 in einem Brief an Zermelo.[68] Jedoch für Hilbert war eine solche platonistische Argumentation nicht hinreichend. Gödel mußte daher eine Konstruktionsmethode für diesen wahren und formal unbeweisbaren Satz liefern, was er auch tat. Durch seine Widerlegung des Hilbertschen Programms sieht es so aus, als ob Gödel Intuitionist wäre (insbesonders weil wir ja wissen, daß er stark von Brouwer beeinflußt war). Trotz allem war dies nicht Gödels Hauptinteresse, denn sonst wäre zwischen seiner Position und der Kroneckers – mit seiner Pauschalzurückweisung der Mengenlehre – kein allzu großer Unterschied gewesen.

Gödels Frage war, ob sich alle mathematischen Sachverhalte, insbesondere die der Zahlentheorie, in irgendeinen finitären Sprachformalismus abbilden lassen. Und nachdem sich Hilberts Formalismus als zu eng erwiesen hatte (auf Grund von Gödels Unvollständigkeit), sollte (nach Gödels Ansicht) der finitäre Standpunkt eben erweitert werden.

Ein ähnliches Argument wie jenes, das Gödel in seinem Brief an Zermelo beschrieb, hatte bereits 1926 der Mathematiker Paul Finsler (der bei Caratheodory und Hilbert studiert hatte und selbst ein Platonist wie Gödel war) in einem Aufsatz verwendet. Er hat darin deutlich gemacht, wie das Diagonalverfahren zur Widerlegung des Hilbertschen Programms angewandt werden kann.

Finsler hatte auch schon erkannt, daß es die überzeugendste Widerlegung der formalen Methode sei, selbst einen Satz zu konstruieren, der nachweislich aufgrund seiner Konstruktionsmerkmale formal unentscheidbar ist. Finsler hatte also die Frage nach der Widerspruchsfreiheit mit dem Problem der Entscheidbarkeit verknüpft. Im Gegensatz zu Gödel konstruierte er jedoch einen Satz, der widerspruchsfrei, aber logisch falsch war (bzw. obwohl falsch, formal unentscheidbar war).

Finslers Arbeit aber ermangelte einer formalen Darstellung und setzte sich nicht durch. Der Grund dafür war, daß Finsler – in diesem technischen Punkt ähnlich wie die Intuitionisten – die Hilbertsche Methode von außen attackierte. Sein Bezug auf die „Antidiagonale" verdankt seine Beweiskraft den (bereits vorausgesetzten) unendlichen Mengen Cantors.

Finsler ging von der Infinitheit aus und konstruierte einen Satz, der das finitäre System sprengen sollte.

„Diese Möglichkeit liegt nun bei dem Axiomensystem der reellen Zahlen tatsächlich vor (...), falls die für die formalen Beweise zu verwendenden Zeichen nur in endlicher oder abzählbar unendlicher Anzahl vorhanden sind. (...) Es kann dann im Ganzen nur abzählbar viele formale Beweise geben. (...) Aus dem Axiomensystem der reellen Zahlen folgen aber rein logisch mehr als abzählbar viele Sätze." [69]

So mißlang es Finsler, einen finitären Unvollständigkeitssatz zu erbringen. Das aber war genau das Ziel des 25jährigen Gödel, der in seinen Bemühungen auch erfolgreich war.

Ein Konstruktivist oder Intuitionist wie Brouwer würde die Verwendung einer unendlichen Menge überhaupt als sinnlos ablehnen. Es ist daher erstaunlich, daß Brouwer, aber auch Hermann Weyl die Entdeckung Gödels als vorhersehbar qualifizierten, denn nach deren Meinung lag das Grundübel bereits in der Voraussetzung eines gegebenen aktual Unendlichen. „Ein zum Unendlichen hin offenes Feld von Möglichkeiten ist für ein geschlossenes Gebiet von in sich selbst existierenden Dingen gehalten worden." [70]

Auch Hilbert war dem aktual Unendlichen gegenüber skeptisch, nur versuchte er dieses dennoch zu beweisen. An diesem Punkt der formalen Beweisbarkeit setzte auch Gödel an, der ja keineswegs ein Intuitionist war.

Er traf somit das Hilbertsche Programm im innersten Kern. Die Bereinigung der Grundlagenkrise durch Gödels Theorem der Unvollständigkeit ließ den jahrtausendelangen Traum der Reinheit (= Widerspruchslosigkeit) der Mathematik, von Aristoteles bis Hilbert, zerschellen. Das Thema selbst verlor an Interesse, da sich neue Problemstellungen daraus ergaben.
Nach der ersten Welle der Rezeption erfuhr „Gödels Beweis" in den 60er Jahren im Gefolge des Diskurses über die Computerkultur eine zweite Wirkungswelle. (Siehe Kapitel 11) Erneut an Bedeutung gewinnt er heute in der theoretischen Informatik: Als „limitations-theorem" verweist er auf die Grenzen der Programmierbarkeit (bzw. Formalisierbarkeit und daher Berechenbarkeit) unserer menschlichen Probleme.

10. Kosmologie

Gödel, der sein Studium als theoretischer Physiker begann, widmete sich insbesondere in den 40er und 50er Jahren – inspiriert durch die enge Freundschaft mit Einstein – Fragen der allgemeinen Relativitätstheorie und der im unendlichen Band sich zurückschließenden Zeit. Seine wissenschaftlichen und philosophischen Interessen verbanden sich zur Vision einer Zeitreise.

Die Grundlage der Speziellen Relativitätstheorie (SRT) bildet die Konstanz der Lichtgeschwindigkeit. Das bedeutet, daß jeder Beobachter (im Vakuum) für Licht die gleiche Geschwindigkeit mißt.

Dem entspricht in der Allgemeinen Relativitätstheorie (ART) – deren Thema der Zusammenhang zwischen dem Trägheitsgesetz und dem Gravitationsgesetz ist – die Vorstellung, daß lokale Vorgänge in kleinen Raum-Zeit-Bereichen in beschleunigten Bezugssystemen nicht von denen in einem Gravitationsfeld zu unterscheiden sind („beschleunigt" ist relativ zum „ruhenden" Beobachterposten).[71]

Beschreibt man jedoch die Welt in Raum- und Zeit-Dimensionen (und die Gravitation als Folge der Raum-Zeit-Verkrümmung), dann ist die Zentralthese der ART, daß man ein 4-dimensionales Raum-Zeit-Kontinuum benötigt[72], welches jenseits unserer üblichen Vorstellungen liegt.

Wir können uns diesem metaphorisch nähern, indem wir uns die Zeitdimension mit Hans Reichenbach[73] als Farbe vorstellen. Jedes 4-dimensionale physikalische Objekt ist durch Veränderungen seiner Farbe und seiner Position im Raum charakterisierbar. Zwei Objekte können nur dann interagieren, wenn sie in Raum und Farbe übereinstimmen. Körper mit verschiedenen Farben würden einander ohne Beeinflußung durchdringen. Ein Schwarm von roten Fliegen, der in einer roten Glaskugel eingeschlossen ist, kann dennoch daraus entkommen, indem er seine Farbe zu Blau wechselt und die rote Kugel

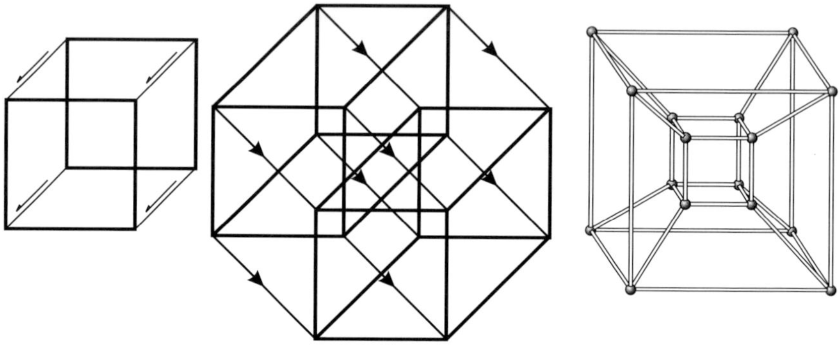

Konstruktion des Hyperwürfels

verläßt.
Ohne diese bildliche Annäherung können wir uns Objekte im 4-dimensionalen Raum als Hyperwürfel, als Würfel im Würfel, veranschaulichen. [74]

Die Geometrie im 4-dimensionalen Raum-Zeit-Gefüge entspricht aber nicht mehr der Euklidischen Geometrie, sondern der Pseudo-Riemannschen Geometrie, wo Raum und Zeit gekrümmt sind. Das heißt nicht, daß unser 3-dimensionaler Raum in einem mehrdimensionalen Raum eingebettet ist, sondern nur, daß die Gesetzmäßigkeiten der Euklidischen Geometrie nur in kleinen Raum-Zeit-Dimensionen gelten, aber in kosmischen Dimensionen Abweichungen erfahren.

In einer Nicht-Euklidischen Geometrie ist der Begriff der Geraden nicht mehr definiert. Man muß ihn zum Begriff der geodätischen Linie verallgemeinern. Sie ist die kürzeste Verbindungslinie zwischen zwei Weltpunkten. [75] Der kürzeste Weg zwischen zwei Punkten

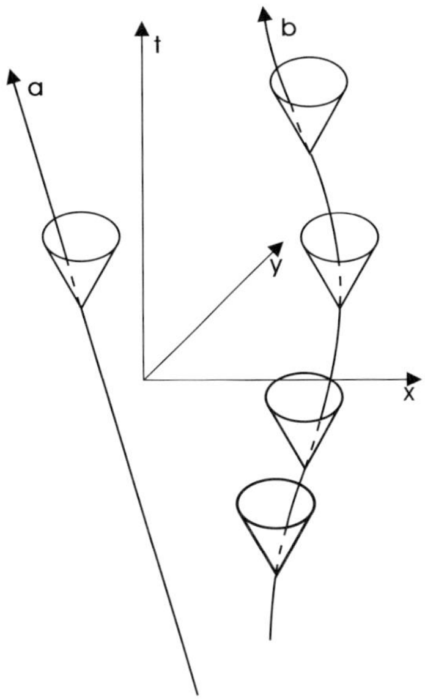

Physikalische Bahnen: (a) Bewegung mit konstanter Geschwindigkeit, Weltlinie ist Geodäte, (b) Weltlinie einer beschleunigten Bewegung

auf einer Kugel ist ein Bogen auf einem Meridian. Deshalb fliegen die Flugzeuge auch über die Polarroute, um von Europa nach Japan zu kommen. Der Übergang von der SRT zur ART besteht in der Berücksichtigung der Schwerkraft als spezifische „reale" Dimension der gekrümmten Raum-Zeit-Strukturen. Der kürzeste Weg zwischen zwei Weltpunkten in einem Gravitationsfeld ist daher auch eine Kurve.

Mit den Worten Leopold Infelds, dem langjährigen Mitarbeiter von Albert Einstein: „Die Geometrie unserer Welt wird durch das Schwerefeld gekennzeichnet. Eine Gummiebene kann bei Beanspruchung durch äußere Kräfte verformt werden. Ebenso verformen bewegte Massen unsere Raum-Zeit. Geometrie und Gravitation werden synonym. Sie werden durch die Verteilung der Massen und ihrer Geschwindigkeiten bestimmt."[76]

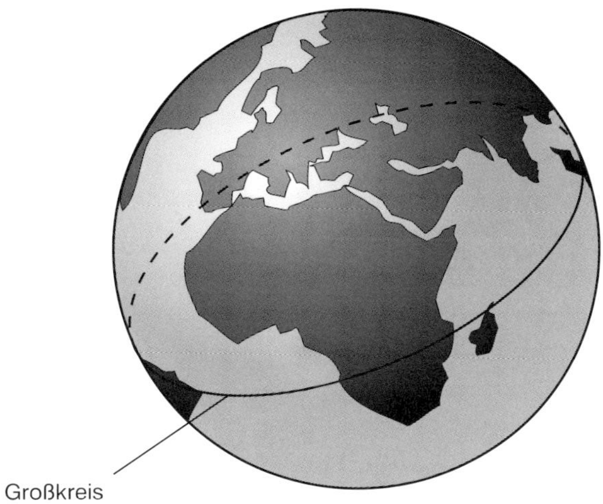

„Eine Geodäte auf der Erde wird Großkreis genannt und ist die kürzeste Verbindung zwischen zwei Punkten."[77]

Einstein konnte daher Gravitations- und Trägheitsgesetz in einem Satz zusammenfassen: Ein Massepunkt, der nicht anderen als Gravitationsgesetzen unterworfen ist, bewegt sich im Raum-Zeit-Kontinuum längs einer geodätischen Linie.

„Das Licht eines fernen Sternes, das auf seiner Reise durchs Universum in die Nähe der Sonne geriete, würde um einen kleinen Winkel abgelenkt werden, sodaß der Stern für einen Beobachter auf der Erde in einer anderen Position zu stehen schiene."[78]

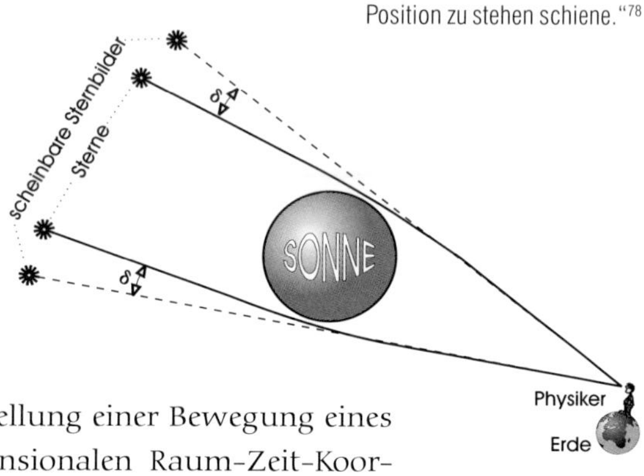

Eine Weltlinie ist die Darstellung einer Bewegung eines Massepunktes im 4-dimensionalen Raum-Zeit-Koordinatensystem.

Das Licht breitet sich als Photonen aus. In unserer euklidischen Vorstellung breiten sich die Photonen eines Lichtblitzes von seinem Mittelpunkt kugelförmig aus.

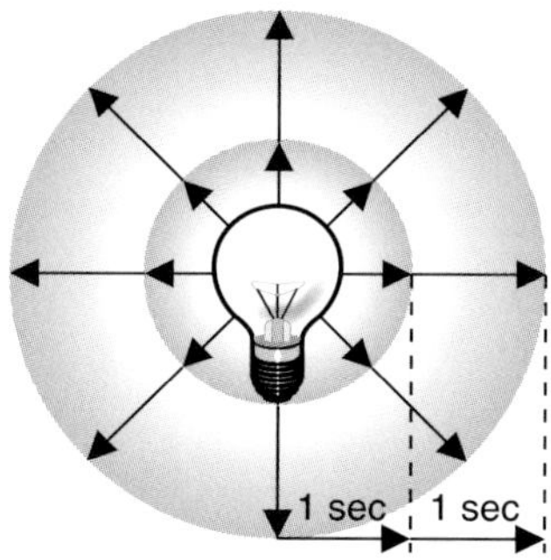

Lichtblitz im Euklidischen 3-D-Raum

In unserer Raum-Zeit-Darstellung (hier auf diesem Blatt Papier) kann sich das Licht aber nur in einer Ebene ausbreiten, da wir eine Koordinate unseres 3-dimensionalen Raumes abgezogen und für die Zeit verwendet haben. Es bleiben uns daher für die Darstellung des Raumes nur mehr zwei Dimensionen über, d. h., wir stellen den Raum nur als Ebene dar.

Aus diesem Grund breitet sich das Licht in unserer Darstellung kreisförmig aus.

Lichtblitz in der Raum-Zeit: Licht breitet sich als Welle ähnlich wie Wasser aus

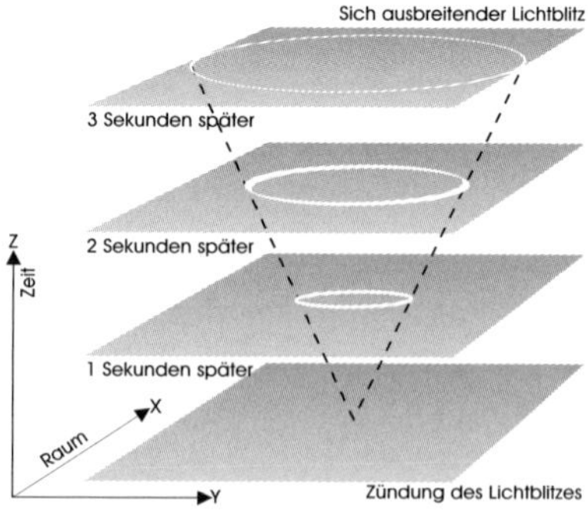

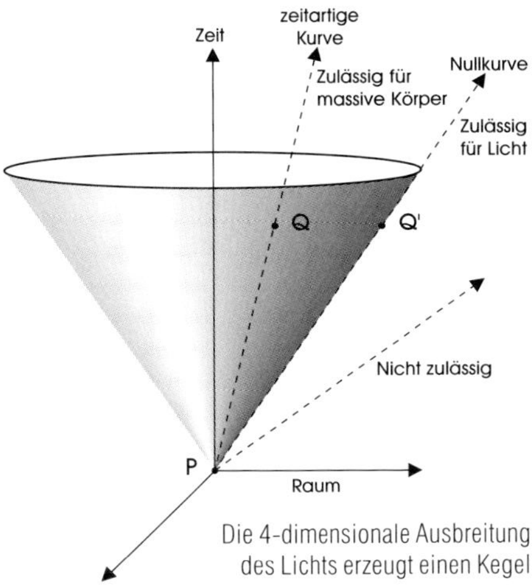

Die 4-dimensionale Ausbreitung des Lichts erzeugt einen Kegel

Vom Punkt P können nur Punkte Q und Q' innerhalb oder auf dem Lichtkegel durch Signale erreicht werden.

Durch Projektion des Kegels in die Vergangenheit entsteht eine Spule

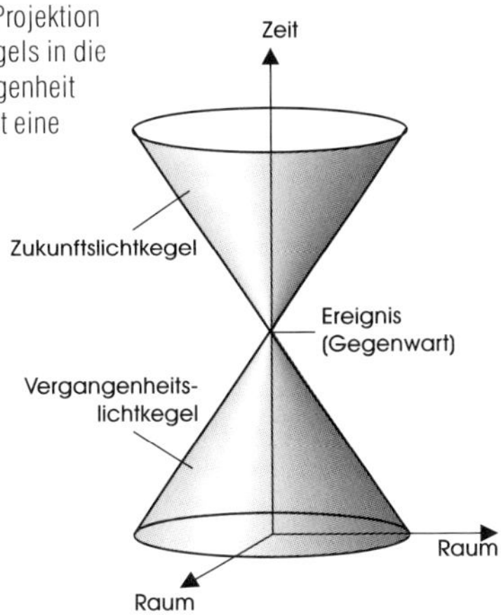

Lichtblitz in der Minkowskischen 4-D-Raum-Zeit

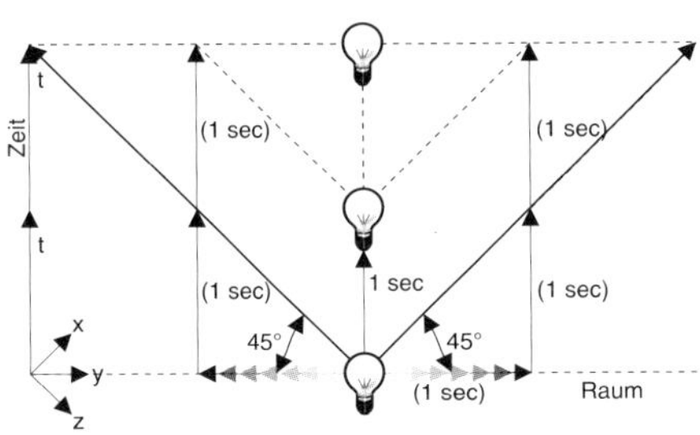

Wenn wir die Kreise entlang der Zeitachse wachsen lassen, entsteht ein Kegel.

Dieser Kegel wird Lichtkegel genannt. Er ist genaugenommen ein Doppelkegel. Die auslaufenden Lichtstrahlen bauen den oberen Teil des Kegels auf, während die einlaufenden Lichtstrahlen den unteren Teil des Kegels bilden. Zukunftskegel und Vergangenheitskegel treffen sich im Moment der Gegenwart.

Denken wir uns kurz den oberen Teil des Doppelkegels auf einem Blatt Papier dargestellt, und zwar nicht-perspektivisch, sodaß der Kegel als Dreieck erscheint. Der Raum, der in der Abbildung auf Seite 108 (unten) noch als Ebene dargestellt wurde, wird hier zur 1-dimensionalen Linie (und erscheint uns daher als Strich, symbolisch für den ganzen 3-dimensionalen Raum). Wenn sich das Licht nun in dieser einen Dimension, etwa horizontal um ca. 300.000 km (das entspricht 1 Sekunde) ausbreitet, dann muß es auch entlang der Zeitachse t um diese 1 Sekunde verschoben werden. Dadurch entsteht ein Winkel von 45 Grad, den die Kegel-Erzeugenden mit der Kegel-Achse einschließen. Die beiden Kegel-Erzeugenden bilden daher einen rechten Winkel.

Die Außenfläche eines solchen Lichtkegels (wenn der Gradient, die Tangente, mit einer Kegel-Erzeugenden den Winkel 0 bildet) nennt man Nullkegel. Dieser ist für Gödels Universum von besonderer Relevanz.[79]

Die wichtigste Bedeutung der Nullkegel liegt darin, daß sie die kausalen Beziehungen zwischen Raum-Zeit-Punkten bestimmen. Wenn ein Punkt P durch eine zukunftsorientierte Nullkurve oder eine zeitartige Kurve mit einem Punkt Q verbunden werden kann, dann ist es für das Signal stets möglich, von P zu Q zu gelangen (aber normalerweise nicht umgekehrt). Das ist die lokale Interpretation der Nullkegel.

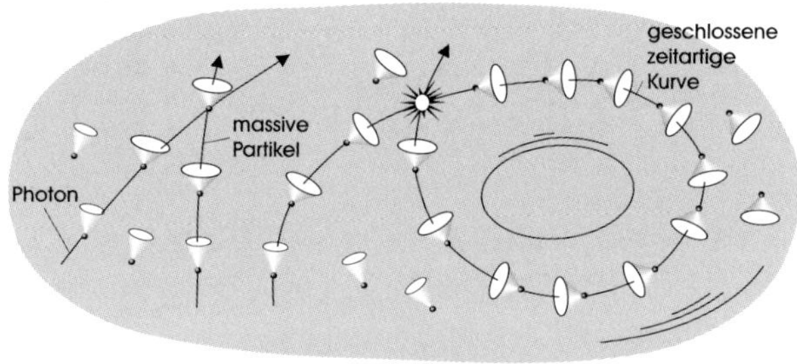

Nullkegel in einer Lorentz-Mannigfaltigkeit mit geschlossener zeitartiger Kurve

Global betrachtet ist es jedoch durch den Einfluß eines Gravitationsfeldes in einer gekrümmten Raum-Zeit möglich, daß zeitartige Weltlinien sich schließen.[80] Sie würden so zum selben Punkt zurückkehren, von dem sie ausgegangen sind. Solche geschlossene Zeitschleifen, wie sie hier abgebildet sind, gibt es in Gödels Universum. („Schwarze Löcher“ wären auch Phänomene, bei denen die Kausal/Zeitstruktur nicht dem gängigen Schema entspricht, sondern implodiert).

1949 publizierte Gödel eine Arbeit, welche Anlaß gab zur Erforschung von exakten Lösungen der Einsteinschen Feldgleichungen, die komplizierter waren als die Lösungen vorher. Bei Gödels exakter Lösung verhält sich die Gesamtheit der Massen im Universum wie eine nicht-komprimierbare perfekte Flüssigkeit. In Gödels Modell rotiert das Universum mit konstanter Winkelgeschwindigkeit um ein festes Koordinatensystem. Im Unterschied zu den heute akzeptierten Modellen expandierte Gödels erstes Universum aber nicht. Gödels zweites Universum (1952) expandiert, erlaubt jedoch keine Reise in die Vergangenheit.[81]

Die vertikalen Linien in diesem Modell sind die Weltlinien der hauptsächlichen Massepunkte des Universums, die Sterne und Galaxien. Sie werden deshalb auch

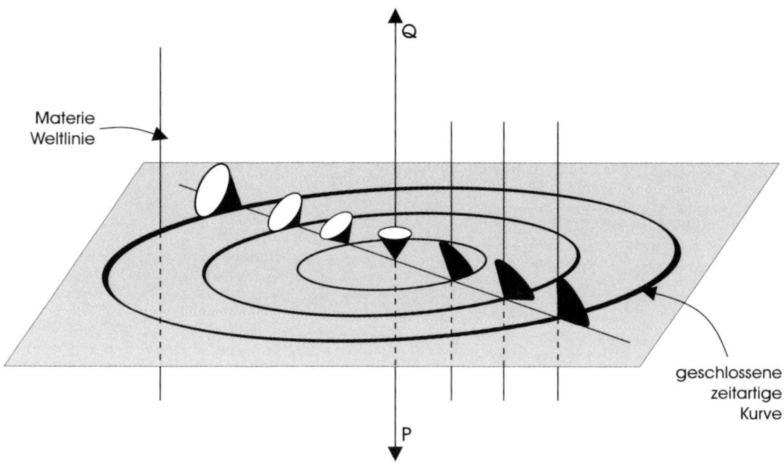

Gödel Raum-Zeit (mit einer Dimension unterdrückt)

Materielinien genannt. Diese Objekte spielen die entscheidende Rolle in der Bestimmung der globalen Raum-Zeit-Struktur. Sie bauen ein starkes Gravitationsfeld auf, sodaß sich die geodätischen Linien der Partikel – ähnlich wie bei Magneten – um sie zu geschlossenen Zeitkurven krümmen. Das Diagramm zeigt die Rotationssymmetrie um die zentrale Materielinie von P nach Q. Die Nullkegel drehen sich ebenfalls an allen Raumzeitpunkten.

Die Materielinien haben eine zeitliche Ordnung. Von P nach Q verläuft eine zukunftsorientierte Kurve. Ein

Zeitreisender startet beim Punkt P und reist entlang der Materielinie nach Q. Normalerweise kann er in unserer Vorstellung dann nicht mehr von Q nach P zurückreisen. In Gödels Universum dagegen sind geschlossene zeitartige Materielinien möglich.

Alle diese Weltlinien entsprechen beschleunigten Bewegungen. Eine Reise auf ihnen ist daher z. B. nur mit Hilfe von sehr starken Raketen möglich. Gödel selbst sagt dazu:

„Every world line of matter occurring in the solution is an open line of infinite length, which never approaches any of its preceding points again; but there also exist closed time-like lines. In particular, if P, Q are any two points on a world line of matter, and P precedes Q on this line, there exists a time-like line connecting P and Q on which Q precedes P; i. e. it is theoretically possible in these worlds to travel into the past, or otherwise influence the past."[82]

All dies ist aber nur mit überdimensionalen Raketen möglich, für deren Energiebedarf man ganze Planeten verfeuern müßte. „Für Zeitreisen benötigt man Geschwindigkeiten, die mehr als 70% der des Lichtes betragen, und der erforderliche Energieaufwand erweist sich als ungeheuer. Das kann veranschaulicht werden, indem man sich die Erde als eine Art Rakete vorstellt, deren Materie als Treibstoff dient, der mit Lichtgeschwindigkeit ausgestoßen wird. Eine sehr grobe Abschätzung ergibt dann, daß für eine Reise von einer Materieweltlinie um 100 Jahre in die Vergangenheit derselben, wobei für den Reisenden eine Zeit von 100 Jahren vergeht, mindestens so viel Erdmaterie verbraucht wird, daß die Erde am Schluß der Reise auf eine Kugel mit ungefähr 6 m Radius geschrumpft ist."[83]

Einstein diskutiert mit Physikern die ART

Die Reise in die Vergangenheit stellt natürlich die kausale Struktur des Universums in Frage. Dennoch hat bereits Hermann Weyl an Hand der de Sitterschen Lösung der ART die prinzipielle Möglichkeit erörtert: „In einer Welt vom Zusammenhang des vierdimensionalen Zahlenraums ist es leicht, ein metrisches Feld so zu konstruieren, daß der von einem Punkt O ausgehende Kegel der passiven Vergangenheit, wenn man ihn hinreichend weit rückwärts verfolgt, schließlich mit seinem Inneren den Punkt O selber überdeckt; daraus würden die grausigsten Möglichkeiten von Doppelgängertum und Selbstbegegnungen entspringen.“ [84]

Den doppelten Saum von Vergangenheit und Zukunft haben Zylinder (Einstein) und Hyperboloid (de Sitter) gemeinsam. In der massenerfüllten Zylinderwelt aber überschlägt der nach rückwärts verlängerte Vergangenheitskegel sich selbst unendlich oft. So kann es geschehen, daß wir von demselben Stern am Himmel mehrere Bilder erblicken, welche uns den Stern in Epochen zeigen, die durch ungeheure Zeiträume getrennt sind. In dieser Welt gehen die „Gespenster“ des Längstvergangenen unter uns um. In der de Sitterschen Hyperbelwelt wird diese Selbstüberdeckung der Nullkegel vermieden.

Es gibt also derzeit keine zwingenden physikalischen Gründe, Lösungen der Einsteinschen Feldgleichung mit akausalem Verhalten auszuschließen. Man kann nur von unerwünschtem Verhalten sprechen. „Diese Problemstellung führte zur Definition der stabilen Kausalität durch Stephen W. Hawking[85] im Jahre 1963. Ein Universum heißt dann stabil kausal, wenn es durch die Einführung von wohldefinierten, etwas erweiterten Lichtkegeln zu keiner geschlossenen zeitartigen Linie kommt."[86]

Eine weitere Problemstellung aus dieser Lösung Gödels führte zur Untersuchung der Singularitäten in kosmologischen Modellen. Eine Raum-Zeit-Singularität stellt eine große Krümmung der Raum-Zeit dar, die unendlich konvergiert. So eine Singularitiät kann zu einem Schwarzen Loch führen oder am Ursprung des Universums liegen (Big Bang bzw. Urknall-Theorie, wie dies das „Singularitätstheorem", 1970, von Roger Penrose und Stephen W. Hawking, behauptet[87]).

Gödels Lösung hat so die Kausalitätsdiskussion in der Physik neu zur Debatte gestellt und die Präzisierung des Begriffsfeldes hervorgerufen. Das Eingreifen in eine Kausalkette ist natürlich nur dann möglich, wenn das Ergebnis nicht seine eigene Ursache zerstört. In diesem Sinne könnte man sagen: Zeitreisen finden jenseits der Kausalität statt.

Einstein und Gödel im Park des IAS in Princeton, 1949

11. Fenster des Geistes

Die Kunst, mit exakten Mitteln neue Horizonte zu eröffnen, dem Labyrinth des sich-selbst-denkenden Denkens neue Wege zu weisen, gelang Gödel 1931. Einige dieser Perspektiven werden hier erörtert.

Gödels Wirken kann im wesentlichen in drei Etappen eingeteilt werden: In jungen Jahren feierte er Triumphe in der Grundlagenforschung der Mathematik und Logik. Danach gab es die anfangs hoffnungserweckenden Versuche in der Mengenlehre.

In der zweiten Phase seines Lebens wandte sich Gödel Fragen der Physik zu und hoffte, seine früheren Erfolge wiederholen zu können. In seiner letzten Entwicklungsphase widmete er sich hauptsächlich philosophischen Problemen.

Kurt Gödel, der intuitionistische Platonist:

Gödels Philosophie der Mathematik war platonistisch, d. h., er ging von der realen Existenz der mathematischen Objekte aus. „Wir haben auch eine Art Wahrnehmung der Objekte der Mengenlehre, und wir formen unsere Ideen dieser Objekte auch aufgrund von etwas, das unmittelbar gegeben ist." Dies ist die Überzeugung des Platonisten.

Intuition versus formaler Mathematik

Für den Platonismus sind also die Objekte intuitiv gegeben, während der Intuitionist bzw. der

Konstruktivist sie für Erfindungen des menschlichen Geistes hält.

Ein (mathematischer) „Realist" ist also jemand, der den mathematischen Objekten unabhängige Existenz zuspricht und der sie mittels seiner Intuition erfassen und durch das logische Denken zur offensichtlichen Wahrheit bringen kann. Die mathematische Intuition ist also Mittel zum Zweck der Erkenntnis und nicht Ursprung gedanklicher Fiktionen. „Die Stimme der Realität ist im Sinn des Symbols" formuliert René Thom.

Auch bei Gödel findet sich die für den mathematischen Platonismus typische Verschränkung eines objektiven Realitätsbegriffs und einer gleichsam extra sensorischen Wahrnehmung abstrakter, platonischer Ideen. Für ihn gibt es keinen Grund, die Existenz dieser Objekte zu bezweifeln, ebensowenig wie es für den Physiker einen Grund gibt, die materiellen Objekte, die er untersucht, in Frage zu stellen.

Diese mathematischen Objekte führen eine Existenz außerhalb von Raum und Zeit, und es überrascht daher nicht, daß sich Gödel für ESP (extra-sensory perception), für Seelenwanderung und Okkultismus, in seinen verschiedenen Varianten interessierte (siehe Ende von Kapitel 6).

Mit Gödel erfinden wir nicht, sondern wir entdecken! Entweder wir „sehen" und begreifen die mathematischen Objekte, oder auch nicht; aber sogar, wenn wir sie wahrnehmen, sind die sprachlichen Mittel zu ihrer Beschreibung sehr beschränkt. Gödels Unvollständigkeitsbeweis kann also auch als eine Art „logischer Pessimismus" aufgefaßt werden.

Wenn aber die formalen Mittel zu schwach sind, um alle wahren Sätze eines Formalen Systems beweisen zu können, sind auch unsere mentalen Werkzeuge nicht tragfähig genug, um die gesamte Welt – dieses hochkomplexe System – auf diesem Weg zu verstehen. Dies heißt aber für Gödel nicht, daß wir nicht doch der Wahrheit und den Möglichkeiten der Geschichte Schritt für Schritt näher kommen können.

Der Konstruktivismus war es, der Gödel dem Standpunkt der Intuitionisten am nähesten kommen ließ. In der Frage der realen Existenz sind Formalisten und Platonisten Opponenten. In den Argumentations- und Forschungsprinzipien aber sind sie sich einig.

Gödels logische Methoden waren also formalistisch, seine Instrumente logizistisch und seine mathematische Philosophie intuitionistisch. Er war ein intuitionistischer Platonist, nicht im beschränkenden Sinne von Brouwer, sondern im Sinne des klassischen Platonismus.

Gödels Beweis plädiert für die Unerschöpflichkeit der Mathematik, aber auch der menschlichen Intelligenz. Deswegen steht sein berühmter Satz auch im Zwielicht der Ambivalenz. Einerseits ist er das wichtigste Limitationstheorem der Neuzeit, das den zweitausendjährigen Wunschtraum des Menschen nach einer widerspruchsfreien Erkenntnis beendet. (Er setzt den menschlichen Allmachtsphantasien seine Grenzen und steht so in der Tradition von Kopernikus, Darwin, Freud.) Andererseits bestätigt er, gerade in der Entdeckung seiner Relativität, den Triumph und die Notwendigkeit des menschlichen Geistes und der Intuition. Es werden neue Wege beschritten.

„Der menschliche Geist ist dazu unfähig, alle seine mathematischen Intuitionen formulieren (oder mechanisieren) zu können, das heißt, wenn es ihm gelungen ist, einen Teil davon zu formulieren, dann bedarf gerade diese Tatsache eines neuen intuitiven Wissens, zum Beispiel der Konsistenz dieses Formalismus. Diese Tatsache kann die `Inkomplettierbarkeit' der Mathematik genannt werden. Auf der anderen Seite besteht die Möglichkeit, auf der Basis dessen, was bislang bewiesen worden ist, daß eine Theorem-beweisende Maschine existiert (und sogar empirisch entdeckt werden kann), welche in der Tat der mathematischen Intuition äquivalent ist, aber von der nicht bewiesen werden kann, daß sie es ist, von der sogar nicht einmal bewiesen werden kann, daß sie nur korrekte Theoreme der finitären Zahlentheorie hervorbringt."[88]

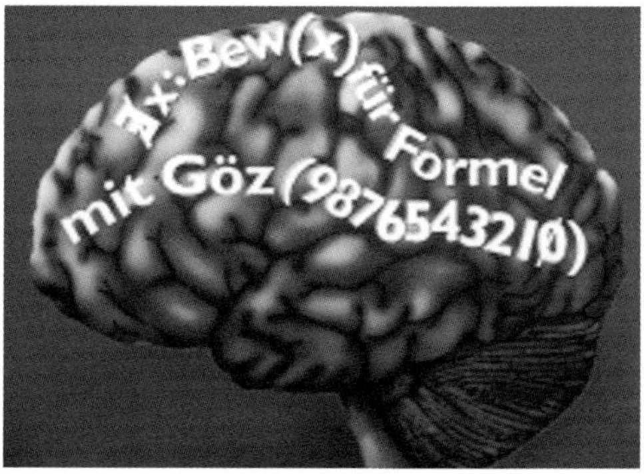

Gehirn prüft den eigenen genetischen Code („Göz" bedeutet Gödelzahl)

Die Wirklichkeit ist mehr als wir darüber aussagen können, aber wir können auch mehr denken, als wir aussagen können. Unser Gehirn kann mehr, als uns bewußt ist.

Mentalismus und Mechanismus:

Gödels Entdeckung ist also ein Votum für den Geist, für die Freiheit, die das Wesen der Mathematik ausmacht, wie Hilbert und Cantor es formulierten. Die Freiheit zu konstruieren, die Freiheit, Behauptungen aufzustellen; die formalen Mittel und Wege können jeweils verschieden sein, aber letztlich handelt es sich um die Entdekkung einer den menschlichen Geist transzendierenden, transfiniten Realität, die ihre eigenen Gesetze hat.

Daß diese nicht immer darstellbar sind, bedeutet das Ende des absolutistischen Anspruchs der Formalisten, aber auch ein Ende der Intuitionisten, die das Transfinite überhaupt ablehnen. An Stelle dessen tritt der Gödelsche

Beweis, interpretiert als unendliche schöpferische Tätigkeit des menschlichen Geistes.

Dieses Primat der Intuition über die formalisitischen Mechanismen ist zweifelsohne eine der Gründe der Attraktivität Gödels für Künstler, die in ihren Werken mit abstrakten Begriffen operieren. Das Mentale in der Kunst gegen die Bedingungen und Grenzen des Materials auszuspielen, und der künstlerischen Intuition die Priorität vor der Darstellung einzuräumen, lag ganz im Sinne der Konzeptkunst wie des Fluxus. Marcel Duchamp, den wir als Freund des Analytikers Gödels, Richard Huelsenbeck, kennengelernt haben, gehört zu den wichtigsten Begründern dieser künstlerischen Richtungen.

Mathematik und Automaten:

In der Automatentheorie, die ohnehin eine Art Umwandlung der logischen Grundlagenforschung in der Technologie darstellt, wiederholt sich daher zwangsläufig die Problemdiskussion der Mathematik unter der Perspektive der Mechanisierbarkeit von kognitiver und schöpferischer Tätigkeit.

Wie jeder weiß, ist es schwierig, ein System zur Wissensklassifikation zu finden, das bei vielen verschiedenen Arten von Problemen gut funktioniert. Darüber hinaus bringt jede beliebige Suchstruktur (Retrieval Structure) bestimmte Festlegungen mit sich und erschwert so die Integration von Konzepten, die erst auftauchen, nachdem die ursprüngliche Struktur bereits eingerichtet ist. Man ist versucht zu sagen: „Es wäre närrisch, unsere intelligenten Maschinen auf irgendeine bestimmte, ausgearbeitete Thesaurus-artige Wissensklassifikation zu gründen.“ Aber wir sollten auch mit dieser Warnung vorsichtig sein, denn sie setzt uns einer weit tödlicheren Gefahr aus: der Gefahr, auf die Suche nach den Quellen der reinen Intelligenz zu gehen.

Die enge Verbindung von Mathematik und Automatentheorie, von Mechanismen des Denkens und Maschinen, liegt bei Gödels Arbeit – insbesondere bei seiner „Zusammenarbeit" mit Turing – auf der Hand. Aus Gödels Unvollständigkeitstheorem wurde zunächst der Schluß gezogen, daß der Geist keine Turing-Maschine sei, weil der Mensch die Wahrheit eines Satzes und sogar unbegrenzt vieler Sätze einsehen und entscheiden kann.

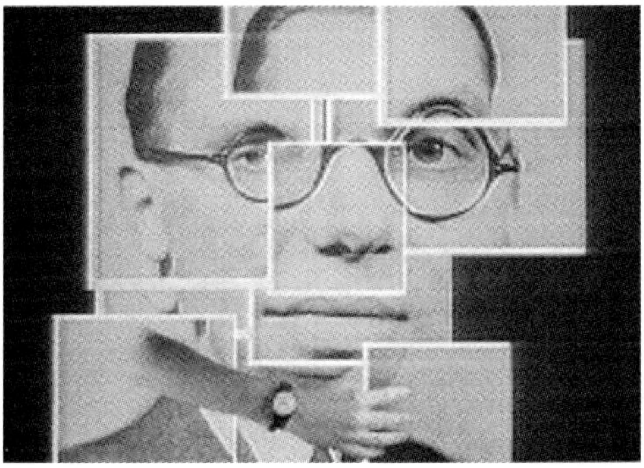

Ein (hinreichend komplexes) System kann nicht (mit seinen eigenen Mitteln) seine Korrektheit demonstrieren

Die Unentscheidbarkeit eines mathematischen Satzes eines Systems mit den Mitteln desgleichen galt als Beweis, daß man prinzipiell keinen Computer bauen kann, der alle gültigen Sätze der Mathematik automatisch ableiten kann.

Wir sahen weiter oben Gödels Einschätzung dieser Frage, und mit zunehmender Modernisierung und Automatisierung unserer Gesellschaft wurde die Interpretation von Gödels Forschungen in den 60er Jahren Ausgangspunkt wichtiger Diskussionen.

Lucas erblickte in Gödels Satz den Beweis, daß der Geist nicht als Maschine erklärt werden kann. Es wurde die Frage gestellt, ob nicht einer Maschine, die sich selbst als solche erkennen würde, bereits die Eigenschaften des Geistigen zugesprochen werden können? Ist eine selbstproduzierende Maschine, die bereits die Beschreibung seiner selbst enthält, wie sie Johann von Neumann gebaut hat, an der Grenze von Mechanischem und Geistigem? Oder umgekehrt: „Anders als der Computer ist sich das menschliche Gedächtnis (...) augenblicklich dessen bewußt, was es enthält – und was nicht. Es braucht keine Liste. Wann wurden Sie geboren? (...) Wenn Sie das nicht wissen, wissen Sie, daß Sie es nicht wissen, und daß kein noch so intensives Nachdenken Ihnen das Datum ins Gedächtnis rufen wird." [89]

Gödel selbst favorisierte eine berühmte Alternative: Entweder ist der Geist nicht mechanisch, oder die Mathematik (eigentlich schon die Arithmetik) ist nicht unsere eigene Produktion. Gödel neigte als Platonist dazu, den nichtmechanischen Charakter der Naturgesetze anzunehmen. Er empfahl sozusagen, mehr Vertrauen in die Fähigkeiten der Intuition, die objektiven Gesetze zu erfassen, zu haben; denn: „Was ich das theologische Weltbild nenne, ist die Idee, daß die Welt und alles in ihr Bedeutung und Vernunft hat". [90]

Seine späteren Aussagen ließen die Möglichkeit offen, daß eine Theorem-beweisende Maschine, die in der Tat der mathematischen Intuition äquivalent ist, existieren könne. Dies ließe den Schluß zu, daß Mentales sehr wohl maschinell repräsentiert sein kann, ohne daß wir es realisieren. Gödel gibt also der künstlichen Intelligenz große Chancen, besteht aber gleichzeitig auf dem nichtmechanischen Charakter des menschlichen Geistes. Er hat damit die Fenster des Geistes geöffnet.

Anmerkungen

0. Mathematik - unsere unsichtbare Kultur

* Steen, Lynn Arthur: Mathematics Today, 1978.

1 Wiener, Norbert: Mathematik - Mein Leben. Frankfurt: Fischer, 1965, S. 56.

Wiener, Norbert: Ich und die Kybernetik. München: Goldmann Verlag, S. 58

2 Whitehead, Alfred North: Eine Einführung in die Mathematik. Bern: Francke, 1958, S. 5.

1. Der Mythos Gödel

3 Dieser Brief von Prof. Oskar Morgenstern an Dr. Bruno Kreisky vom 25. Oktober 1965 befindet sich im Bruno Kreisky Archiv in Wien.

4 Hofstadter, Douglas R.: Gödel, Escher, Bach: Ein Endlos Geflochtenes Band. Stuttgart: Klett-Cotta, 1985.

5 Siehe Kreuzer, Franz (Hg.): Gödel-Satz, Möbius-Schleife, Computer-Ich. Wien: Deuticke, 1986.

6 Eine Interpretation ist eine Abbildung einer Theorie auf eine Struktur. Genauer: Von der Sprache der Theorie auf die Objekte, Funktionen und Relationen der jeweiligen Struktur.

Fischer-Lexikon Mathematik 1 und 2. Frankfurt: Fischer Verlag, 1966.

Albrecht, Erhard/Asser, Günter (Hg.): Wörterbuch der Logik. Leipzig, VEB Bibliographisches Institut, 1983.

7 Bereits 1983 zeigte Gerd Faltings die Mordellsche Vermutung, und 1988 bewies Yoichi Miyaoki eine limitierte Lösung, d. h. einen Teil des Großen Fermat.

Im Juni 1993 hat der englische Mathematiker Andrew Wiles, die Richtigkeit der Fermatschen Vermutung nachgewiesen. Die letzten Bedenken an seiner Beweisführung konnte er dann 1994 in einer gemeinsamen Arbeit mit R. Taylor ausräumen.

8 Guiseppe Peano entwickelte – beeinflußt von Gottlob Freges „Begriffsschrift" (1879) – eine Reihe von Formulierungen von zahlentheoretischen Grundprinzipien, die bereits Richard Dedekind aufgestellt hatte. Daraus entstand ein minimales und unabhängiges Axiomensystem der Arithmetik, welches wir heute die Peano-Arithmetik nennen:

1. Null ist eine natürliche Zahl: $0 \in N$.

2. Der Nachfolger einer natürlichen Zahl ist eine natürliche Zahl: Wenn $n \in N$, dann $n + 1 \in N$.

3. Ein Nachfolger ist stets verschieden von Null: $n + 1 \neq 0$.

4. Aus der Gleichheit der Nachfolger folgt die Gleichheit der Vorgänger: Wenn $n + 1 = m + 1$, dann $n = m$.

5. Das sogenannte Induktionsaxiom. Sinngemäß haben wir zwei Voraussetzungen: Angenommen Null hat eine gewisse Eigenschaft. Zweitens, angenommen es kann gezeigt werden, daß, wenn eine beliebig vorgegebene Zahl diese Eigenschaft

hat, so hat sie auch ihr Nachfolger. Aus diesen beiden Voraussetzungen folgt dann bereits allgemein, daß überhaupt alle natürlichen Zahlen diese Eigenschaft haben: E(0) & [für alle n: Aus E(n) folgt E(n+1)]; dann folgt für alle k: E(k).

9 Allgemein stellt sich das Problem, eine Funktion zu finden, welche die minimale Anzahl f(n) von Personen berechnen soll, sodaß entweder (mindestens) n Personen einander paarweise kennen, oder (mindestens) n Personen einander paarweise nicht kennen. Diese Funktion wächst so stark, daß wir sie mit dem Computer nicht berechnen können. Mehr noch, eine Abänderung dieser Funktion wächst so stark, daß wir sie innerhalb der Peano-Arithmetik nicht einmal definieren können. Sie ist keine rekursive Funktion.

10 Der erste Vortrag war auch einer jener seltenen Zufälle, wo Ludwig Wittgenstein seine Zurückgezogenheit unterbrach und eine akademische Veranstaltung besuchte. Angeblich hat dieser Vortrag Wittgenstein wieder zur Aufnahme seiner abgebrochenen philosophischen Tätigkeit angeregt. (Nachdem er das Haus seiner Schwester Margarete Stonborough gebaut hatte.)

11 Nach zwei Jahren Studium der Physik begann Gödel 1926 mit dem Studium der Mathematik.

12 Nilsson, Nils J.: Principles of Artificial Intelligence. Paolo Alto: Tioga, 1980.

Minsky, Marvin L.: Computation, Finite and Infinite Machines. New York: Prentice-Hall, 1967.

Graubard, Stephen R. (Hg.): The Artificial Intelligence Debate. Cambridge (Mass.): MIT Press, 1988.

Anderson, Alan Ross (Hg.): Minds and Machines. Englewood Cliffs, New York: Prentice Hall, 1964.

Marr, David: Vision. New York: Freeman, 1982.

Winograd, Terry: Understanding Natural Language. New York: Academic Press, 1972.

Simon, Herbert A.: The Science of the Artificial. Cambridge (Mass.): MIT Press, 1969.

Banerji, Ranan: Artificial Intelligence: A Theoretical Approach. Amsterdam: North Holland Publ. Comp., 1990.

Buchanan, B. G./Shortliffe, E. H.: Rule-based Expert Systems. Reading (Mass.): Addison-Wesley, 1984.

Pearl, Judea: Heuristics: Intelligent Search Strategies for Computer Problem Solving. Reading (Mass.): Addison-Wesley, 1984.

Pearl, Judea: Probabilistic Reasoning in Intelligent Systems. San Mateo (California): Morgan Kaufmann Publ., 1988.

Flach, Peter: Future Directions in Artificial Intelligence. New York: North Holland, 1991.

Bibel, Wolfgang: Automated Theorem Proving, Braunschweig: Vieweg, 1987.

Michalski et al.: Machine Learning. New York: Springer, 1983.

Gottlob, Georg et al. (Hg.): Expertensysteme. Wien: Springer, 1990.

Gottlob, Georg/Leitsch, Alexander: Computational Logic and Proof Theory. Third Kurt Gödel Colloquium (Brno 1993). Berlin: Springer, 1993.

Kodratoff, Yves: Introduction to Machine Learning. London: Pitman Publ., 1988.

13 Diskussionen u. a. in folgenden Büchern:

Hofstadter, Douglas R.: Gödel, Escher, Bach: Ein Endlos Geflochtenes Band. Stuttgart: Klett-Cotta, 1985.

Wiener, Oswald: Probleme der künstlichen Intelligenz. Hg. von Weibel, Peter. Berlin: Merve, 1990.

Dreyfuß, Hubert und Dreyfuß, St.: Grenzen der künstlichen Intelligenz, Hamburg: Rowohlt, 1988.

Neumann, Johann von: Theory of Selfreproducing Automata. Hg. von Arthur W. Burks. Mit einem Beitrag v. Kurt Gödel. Illinois: Univ. Press of Illinois, 1966.

Webb, Judson Ch.: Mechanism, Mentalism and Metamathematics. Dordrecht: Reidel, 1980.

Die erste dieser Fragen wurde bereits von Leibniz in der Monadologie in seinem Mühlengleichnis abgehandelt.

14 Gödel, Kurt: Relativitätstheorie und idealistische Philosophie. (In: Schilpp, Paul Arthur: Albert Einstein: Philosopher-Scientist. Evanston (Illinois): The Library of Living Philosophers Inc., 1949.)

Gödel, Kurt: Collected Works II. Oxford: Oxford Univ. Press, 1990.

Dewdney, Alexander K.: The Planiverse. New York: Poseidon Press, 1984.

Rucker, Rudy: Die Wunderwelt der 4. Dimension. München/Wien: Scherz, 1987.

Rucker, Rudy: Gödel, Zappa, Rock'n Roll. Frankfurt am Main: Fischer, 1989.

Abbott, Edwin A.: Flächenland. Stuttgart: Klett-Cotta, 1982.

Burger, Dionys: A Fantasy About Curved Spaces and an Exponding Universe. New York: Harper and Row, 1983.

2. Kindheit und Jugend

15 Wang, Hao: Reflections on Gödel. Cambridge (Mass.): MIT Press, 1988.

16 Im Wienerischen nennt man eine Patin „Godl" – einen Paten „Göd".

17 In einem Interview der Autoren Werner DePauli-Schimanovich und Peter Weibel mit dem Bruder Kurt Gödels, Herrn Medizinalrat Rudolf Gödel, im Frühjahr 1986; enthalten im Film der Autoren *Kurt Gödel - Ein mathematischer Mythos*, Wien, 1986, © ORF.

18 Interview mit Rudolf Gödel *(im Film enthalten)*.

19 Interview mit Rudolf Gödel *(im Film enthalten)*.

20 Interview mit Rudolf Gödel *(im Film enthalten)*.

21 Interview mit Rudolf Gödel *(im Film enthalten)*.

3. Studium in Wien

22 Interview mit Rudolf Gödel *(im Film enthalten)*.

23 Prof. Edmund Hlawka, mathematisches Institut der Universität Wien und Institut für Mathematik der Technischen Universität Wien, in einem Interview mit den Autoren in Wien, Dezember 1985.

24 Taussky-Todd, Olga: Rememberances of Kurt Gödel. In: Gödel Remembered (Salzburg 10-12 July 1983). Hg. von Schmetterer, Leopold. Napoli: Bibliopolis, 1987.

25 Wang, Hao: Reflections on Gödel, S. 115.

Regis, Ed: Einstein, Gödel and Co. Basel: Birkhäuser, 1989.

26 Interview mit Rudolf Gödel *(im Film enthalten)*.

4. Der Wiener Kreis

27 Haller, Rudolf/Stadler, Friedrich (Hg.): Ernst Mach. Werk und Wirkung. Wien: Hölder-Pichler-Tempsky, 1988.

28 Weyl, Hermann: Philosophie der Mathematik und Naturwissenschaft. München/Wien: Oldenbourg, 1966, S. 258.

29 Boltzmann formulierte 1877 den Entropiesatz: $S \sim \ln W$, wobei S die Entropie (= Maß für die Unordnung) bedeutet und W die Wahrscheinlichkeit des Zustandes, (den die Entropie charakterisieren soll).

30 Diese Denkökonomie hat ihre Wurzeln in „Occam's Razor": „Entia non sunt multiplicanda, sine necessitate", oder modern formuliert: „Less is more".

31 Waismann, Friedrich: Ludwig Wittgenstein und der Wiener Kreis. Frankfurt am Main: Suhrkamp, 1984.

Janik, Allan/Toulmin, Stephen: Wittgensteins Vienna. New York: Simon-Schuster, 1973.

Stegmüller, Wolfgang: Hauptströmungen der Gegenwartsphilosophie. Bd. 1. Stuttgart: Kroner, 1978, S. 673-697.

Wang, Hao: Reflections on Kurt Gödel. Abschnitt 2.2 und 2.4.

32 Haller, Rudolf/Stadler, Friedrich (Hg.): Ernst Mach – Werk und Wirkung, S. 233.

5. Politik und Wissenschaft

33 Siehe Michael Siegert: Mit dem Browning philosophiert. In: Forum, Juli/Aug. 1984, S. 24, Auszug aus der Begründung des Gerichtsurteils.

34 Interview mit Rudolf Gödel (*im Film enthalten*).

35 „Meine eigene wissenschaftliche Tätigkeit bezog sich hauptsächlich auf das Gebiet der Grundlagen der Mathematik und der symbolischen Logik. Im Jahre 1929 reichte ich eine diesem Gebiet entnommene Arbeit „Über die Vollständigkeit des Logikkalküls" als Dissertation ein und promovierte im Februar 1930. Im selben Jahre referierte ich auf der Königsberger Tagung über die eben erwähnte Arbeit; ferner auf der Tagung der Deutschen Mathematikervereinigung in Bad Elster über meine als Habilitationsschrift eingereichte Arbeit.

In Wien beteiligte ich mich an dem von Professor Menger veranstalteten Kolloquium und wirkte auch bei der Herausgabe des alljährlich darüber erscheinenden Berichtes mit.

Auch in dem von Professor Hahn im Studienjahr 1931/1932 abgehaltenem Seminar über mathematische Logik war ich bei der Auswahl des Stoffes und der Vorbereitung der Hörer für ihre Vorträge mittätig. Im Jahre 1931 wurde ich von der Redaktion des Zentralblattes für Mathematik, dessen ständiger Mitarbeiter ich bin, aufgefordert, zusammen mit A. Heyting einen Bericht über die mathematische Grundlagenforschung zu schreiben, mit dessen Ausarbeitung ich beschäftigt bin."

(Kurt Gödel, aus dem Curriculum Vitae, Juni 1932.)

36 Wenn Velben dies nicht geglückt wäre, hätte Gödel später vermutlich als Frontsoldat kämpfen müssen.

6. Princeton, USA

37 Hassler Whitney und Deane Montgomery in einem Interview mit den Autoren (Film).

38 Wang, Hao, Reflections on Gödel, S. 31.

39 Wang, Hao, Reflections on Gödel, S. 192.

40 Dorothy Morgenstern in einem Interview mit den Autoren (Film).

41 Interview mit Dorothy Morgenstern.

42 Dr. Rampona in einem Interview mit den Autoren (Film).

43 Lili Kahler, die zweite Frau des Wiener Historikers Kahler, in einem Interview mit den Autoren (Film).

44 Interview mit Dorothy Morgenstern.

45 Interview mit Hassler Whitney und Deane Montgomery.

46 inanition = ohne Speise und Getränke (wörtlich: ausgeleert sein).

47 Dr. Rampona in einem Interview mit den Autoren (Film).

7. Informatik und Artifizielle Intelligenz

48 Robin Gandy, ein Freund Turings, hat erklärt, daß es nicht um „Maschinen" (im eigentlichen Sinn des Wortes) ging, sondern direkt um das Modell des Rechners überhaupt, insbesondere mit dem menschlichen Rechner (früher genannt „Computor").

49 Minsky, Marvin L.: Computation, Finite and Infinite Machines. New York: Prentice-Hall, 1967.

50 Diese Prozeduren entstehen dadurch, daß man wohl-formulierbare Aufgaben und Fragen präzisiert, formalisiert und in eine Programmiersprache übersetzt.

51 Rudy Rucker in einem Interview (1981).

52 Hilbert, David: Die logischen Grundlagen der Mathematik. In: Berka, Karel/ Kreiser, Lothar (Hg): Logik Texte. Berlin: Akademie Verlag, 1973, S. 349.

53 Tarski, Alfred: Grundlegung der wissenschaftlichen Semantik. In: Berka, Karel/ Kreiser, Lothar (Hg): Logik Texte. Berlin: Akademie Verlag, 1973, S. 354f.

54 Rekursive Funktionen sind fast alle in der Mathematik gebräuchliche Funktionen, bspw. Sinus und Cosinus, aber auch (als nullstellige rekursive Funktionen) die Zahlen π, e, etc.

8. Turing-Maschinen

55 Weibel, Peter/Köhler, Eckehart: Gödels Unentscheidbarkeitsbeweis. In: Gödel-Satz, Möbius-Schleife, Computer-Ich. Hg. von Kreuzer, Franz. Wien: Deuticke, 1986, S. 88.

Auch: Nagel, Ernest/Newman, James R.: Der Gödelsche Beweis. Wien: Oldenbourg, 1979.

56 Der hier wiedergegebene Beweis wurde speziell für den Film in Hinsicht auf seine graphische Darstellbarkeit entwickelt und stammt von DePauli-Schimanovich. In

der Literatur wird das Halteproblem üblicherweise anders bewiesen, was beim Lesen und Überdenken vielleicht leichter antizipierbar, optisch jedoch schwerer darstellbar ist, und heuristisch die Parallelität zwischen Halteproblem und Churchschen Unentscheidbarkeitssatz schlecht wiedergibt.

9. Die Grundlagenkrise der Mathematik

57 Frege, Gottlob: Nachgelassene Schriften (2. Auflage). Hamburg: Meiner Verlag, 1983, S. 282, S. 293.

Das Zitat stammt aus seinem Tagebuch (1924).

58 Die Zahlen wären damit rein logische Begriffe, nämlich Prädikaten-Extensionen wie „Klasse aller Gegenstände x, für die die Eigenschaft P (x) gilt".

59 Stegmüller, Wolfgang: Hauptströmungen der Gegenwartsphilosophie. Stuttgart: Kröner, 1978.

60 Quine, Willard Van Orman: On what there is. In: Benaceroff, P./Putnam, H. (Hg): Philisophy of Mathematics. New York: Prentice-Hall, 1964, S. 192.

61 Kronecker, L. K. In: Becker, Oskar: Grundlagen der Mathematik. Freiburg/München: Alber, 1964, S. 327.

62 Brouwer, Luitzen Egbertus Jan. In: Becker, Oskar: Grundlagen der Mathematik. Freiburg/München: Alber, 1964, S. 329.

63 Hilbert, David: Über das Unendliche. Mathematische Annalen, Bd. 95, S. 161-190.

64 Hilbert, David: Über das Unendliche.

65 Diese Eigenschaft der Vollständigkeit ist keinesfalls trivial, sonst hätte Hilbert sie nicht als „offene Frage" formuliert: „Ob das Axiomensystem zumindestens in dem Sinne vollständig ist, daß alle logischen Formeln, die in jedem Individuenbereich wahr sind, auch aktuell abgeleitet werden können, ist eine Frage, die erst zu lösen ist." (Hilbert, David/Ackermann, W.: Grundzüge der theoretischen Logik. 1. Auflage. Berlin: Springer Verlag, 1928, S. 68. Ab der 2. Auflage fehlt diese Frage, da sie ja inzwischen von Gödel gelöst wurde.)

66 Gödels Brief. In: Weibel, Peter/Köhler, Eckehart: Gödels Unentscheidbarkeitsbeweis, S. 78f.

67 Wang, Hao: A Survey of Mathematical Logic. Peking: Science Press, 1962. Amsterdam: North-Holland, 1964 (2. Auflage). Für eine detaillierte Vorgeschichte über die hier genannten Logiker.

68 Gödels Brief. In: Weibel, Peter/Köhler, Eckehart: Gödels Unentscheidbarkeitsbeweis, S. 99.

69 Finsler, Paul: Formale Beweise und Entscheidbarkeit. In: Mathematische Zeitschrift 25, 1929, S. 676-682.

70 Weyl, Hermann: Philosophie der Mathematik und Naturwissenschaft, S. 299.

10. Kosmologie

71 Die Einsteinsche Feldgleichung: $R_{ij} - \frac{1}{2} Rg_{ij} = \frac{8\pi G}{c^2} t_{ij}$

wobei: R_{ij} ... Komponenten des Ricci Tensors,
G ... die Gravitationskonstante,
t_{ij} ... Komponenten des Energie-Moment Tensors,
R ... Krümmungsskala,
g_{ij} ... Komponenten des metrischen Tensors,
c ... Lichtgeschwindigkeit

sind.

Der normale Leser darf beruhigt sein, wenn er Schwierigkeiten hat, die obige Formel zu verstehen. Es geht ihm dabei nicht viel besser als den beiden Autoren. Wir sind jedoch der Meinung, daß es in unserer Kultur nicht nur Filme, Bücher und Kompositionen, sondern auch mathematische Formeln gibt, die es zu einem Kultstatus gebracht haben, zu dessen Voraussetzung es ja gerade gehört, wenig verstanden zu werden. Unserem Motto gemäß - „Mathematik, unsere unsichtbare Kultur" - gehört die Einsteinsche Feldgleichung zu jenen Formeln, deren Kenntnis einfach Teil der Allgemeinbildung sein sollte, auch wenn man den tieferen Sinn und ihre exakte physikalische Bedeutung nicht genau versteht. Zu der gleichen Art von Kultformeln zählen wir auch die Energiegleichung $E = mc^2$ oder die Schrödingergleichung $(E - V)\cdot\psi = 0$.

72 Der klassische Mathematiker Hermann Minkowski (1864-1909) lehrte seinem Studenten Einstein die Theorie dieser von ihm entwickelten Raum-Zeit.

73 Reichenbach, Hans: The Philosophy of Space and Time. New York: Dover, 1958.

74 Hilbert, David: Geometry and Imagination. New York: Chelsea, 1952.

75 Das Licht breitet sich als Partikeln, Photonen, aus. Die Erzeugenden des Lichtkegels, das sind die geraden Linien durch den Ursprung und entlang der Fläche des Kegels, repräsentieren die Geschichte der individuellen Photonen des Lichtblitzes und heißen Weltlinien. Da Partikel mit Masse sich langsamer als die Lichtgeschwindigkeit fortbewegen, würde die Geschichte eines freien Partikels mit Masse eine gerade Linie - vom Zentrum 0 ausgehend - bilden, die im Inneren des künftigen Lichtkegels liegt. Jedes beliebig unbeschleunigte Partikel erschiene ebenfalls als Gerade im Minkowski-Raum. Die Gerade eines masselosen Partikels wäre um 45° zur t-Achse geneigt. Die Weltlinie eines Partikels mit Masse wäre weniger als 45° geneigt, da es sich in der Raum-Ebene langsamer als die Lichtgeschwindigkeit ausbreitet. In der ART pflanzen sich natürlich die Photonen nicht mehr geradlinig fort, da sie durch das Schwerefeld abgelenkt werden. Daher werden die Lichtkegel in einem Punkt nun nur mehr durch die Tangenten an die Weltlinien der Lichtstrahlen gebildet.

76 Infeld, Leopold: Albert Einstein. Sein Werk und sein Einfluß auf unsere Welt. Wien: Schönbrunn Verlag, 1953.

Infeld lehrte nach dem 2. Weltkrieg am Institut für theoretische Physik der Universität Warschau.

77 Hawking, Stephen: Eine kurze Geschichte der Zeit. Reinbek bei Hamburg: Rowohlt, 1988, S. 46ff.

78 Hawking, Stephen: Eine kurze Geschichte der Zeit.

79 Siehe: Penrose, Roger: The Geometry of the Universe. In: Steen, Lynn Arthur (Hg.): Mathematics Today.

Hier findet der Leser das Formelwerk und die formale Explikation des Nullkegels.

80 Penrose, Roger: The Geometry of the Universe: „It is even possible to construct models with timelike curves which form closed loops - but such models are normally excluded on the clear physical ground that in such a universe it would in principle be possible for an astronaut to travel (or send signals) into his own past, thereby leading to the possibility of a paradoxical situation."

Capra, Fritjof: The Tao of Physics: „The mathematical formalism of field theory suggests that these lines can be interpreted in two ways; either as the positrons moving forwards in time, or as electrons moving backwards in time! The interpretations are mathematically identical."

81 Gödel lernte die Theorie der rotierenden Universen bei seinem Lehrer Hans Thirring kennen. Einstein und die vorherrschenden Physiker lehnten die Annahme eines rotierenden Universums jedoch ab, da es dem Machschen Prinzip widersprach. (Siehe Mach, Ernst: Die Mechanik. 8. Auflage. Brockhaus Verlag, 1921, S. 287ff.) Zu Gödels zweitem Universum siehe Gödel: Collected Works II, Seite 189.

Das Standard-Argument lautet wie folgt: Von der Rotation unseres Universums zu sprechen hat nur einen Sinn relativ zu anderen Universen. Es müßte sozusagen ein Superuniversum geben, das die anderen enthält. Was haben wir jedoch für einen Grund zu dessen Annahme? Aufgrund unserer mangelnden Meßfähigkeit, haben wir auch keinen empirischen Hinweis auf eine Rotation des Universums (wie etwa eine Abflachung vergleichbar der Abflachung der Erde an den Polen als Beweis der Rotation der Erde).

82 Gödel, Kurt: An Example of a New Type of Cosmological Solution of Einsteins' Field Equation of Gravitation. Review of Modern Physics Vol. 21, Nr. 3, July 1949, S. 447ff.

Siehe auch: Gödel, Kurt: Collected Works II.

83 Rupertsberger, Heinz: Das Gödelsche Universum. In: Buldt, Bernd et al. (Hg.): Wahrheit und Beweisbarkeit. Kurt Gödels Leben und Werk. Wien: Hölder-Pichler-Tempsky, in Vorbereitung.

84 Weyl, Hermann: Raum, Zeit, Materie. 6. Auflage. Berlin: Springer, 1970, S. 249.

85 Hawking, Stephen: Proceeding of the Royal Society. London A 308, 1969, S. 433.

86 Weyl, Hermann: Raum, Zeit, Materie.

87 Thorne, K./Yurtsever, U.: Wormholes, Time Machines and the Weak Energy Condition. Physical Review. Siehe auch: Der Spiegel, Nr. 50, 12. Dezember 1988, S. 191.

11. Fenster des Geistes

88 In: Wang, Hao: From Mathematics to Philosophy. Und: Wang, Hao: Reflections on Kurt Gödel.

89 Siehe: Webb, Judson: Mechanism, Mentalism and Metamathematics.

90 Wang, Hao: From Mathematics to Philosophy.

Personenregister

Literaturverzeichnis

Abbott, Edwin A.: Flächenland. Stuttgart: Klett-Cotta, 1982.
Ackermann, Wilhem: Solvable Cases of the Decision Problem. Amsterdam: North-Holland Publ. Comp., 1954.
Agostini, Franco: Du Mont's Spielbuch der Mathematik und Logik. Köln: Du Mont Buchverlag, 1988.
Albers, Donald/Alexanderson, G. L. (Ed.): Mathematical People. Chicago: Contemporary Books, 1985.
Albrecht, Erhard/Asser Günter (Hg.): Wörterbuch der Logik. Leipzig: VEB Bibliographisches Institut, 1983.
Alexandroff, P. S.: Einführung in die Mengenlehre und die Theorie der Reellen Funktionen. Berlin: Deutscher Verlag der Wissenschaften, 1956.
Alexandrov, P. S. et al.: Die Hilbertschen Probleme. Leipzig: Akademische Verlagsgesellschaft, 1983.
American Scientific: Mathematics: An Introduction to its Spirit and Use. San Francisco: W. H. Freemann and Comp., 1948 (bis 1979).
Anderson, Alan Ross (Hg.): Minds and Machines. Englewood Cliffs, New Jersey: Prentice Hall, 1964.
Angelelli Ignacio: Gottlob Frege. Kleine Schriften. Darmstadt: Wissenschaftl. Buchgesellschaft, 1967.
Arbib, Michael A.: Brains, Machines, and Mathematics. New York: McGraw-Hill Book Comp., 1964.
Arbib, Michael A.: The Metaphorical Brain. New York: Wiley-Intersience, 1972.
Arbib, Michael A.: Theories of Abstract Automata. Englewood Cliffs, New Jersey: Prentice-Hall Inc., 1969.
Ashurst, F. Gareth: Founders of Modern Mathematics. London: Frederick Muller Limited, 1982.
Asimov, Isaac: Die Schwarzen Löcher. Köln: Kiepenheuer & Witsch, 1979.
Asimov, Isaac: Grandes Ideas de la Ciencia. Madrid: Alianza Editorial, 1969.
Asimov, Isaac: The Human Brain. Bergenfield, New Jersey: New American Library Inc. oder Boston (Mass.): Houghton Mifflin Comp., 1963.
Babbage, Charles: siehe Fröschl.
Baillif, J. C.: Denkpirouetten: Spiele aus Logik und Mathematik. München: Hugendubel, 1985 (Paris: Bordas, 1979).
Banerji, Ranan: Artificial Intelligence: A Theoretical Approach. Amsterdam: North Holland Publ. Comp., 1990.
Barr, Avron/Fliegenbaum, Edward A.: The Handbook of A. I., Vol.I, II, III. Los Altos, Cal.: William Kaufmann Inc., 1981.
Barrow, John D.: Ein Himmel voller Zahlen. Heidelberg: Spektrum Akademischer Verlag, 1994.
Barwise, John: Handbook of Mathematical Logic. New York: North Holland, 1980.
Becker, Oskar: Grundlagen der Mathematik. Freiburg: Verlag Karl Alber, 1954.
Beiler, Albert H.: Recreations in the Theory of Numbers. The Queen of Mathematics Entertaining. New York: Dover Publications Inc., 1964.
Benaceroff, P./Putnam, H. (Hg.): Philosophy of Mathematics. Englewood Cliffs, New Jersey: Prentice-Hall, 1964.
Berka, Karel/Kreiser, Lothar (Hg.): Logik Texte. Berlin: Akademie Verlag, 1973.

Berloquin, Pierre: Garten der Sphinx: 150 Mathematische Denkspiele. München: Hugendubel, 1984 (Paris: Bordas, 1981).
Bibel, Wolfgang: Automated Theorem Proving. Braunschweig: Vieweg, 1977.
Blackmore, John T.: Ernst Mach: His Work, Life and Influence. Berkeley: Univ. of Calif. Press., 1972.
Böhme, Jakob: Siehe Wehr, Gerhard.
Boffa, Maurice: A Set Theory with Approximations. In: Gödel Society, Yearbook 1989. Siehe auch: Schwabl, Hans-Dominik (Hg.).
Boffa, Maurice: Décoration Ensembliste de Graphes par Approximations. In: L'Anti-Fondation en Logique et en Théorie des Ensembles. Louvain-la-Neuve (Belgien): Academia-Erasme, 1992.
Bolzano, Bernard: Paradoxien des Unendlichen. Leipzig: Felix Meiner, 1920 (Leipzig: Reclam, 1851).
Bomze, Immanuel / Grossmann, Wilfried: Optimierung – Theorie und Algorithmen. Heidelberg: Spektrum Akademischer Verlag, 1993.
Boole, George: An Investigation of the Laws of Thought. Dover Publ. Comp.; Reprint of the 1854 edition.
Boolos, George S./Jeffrey, Richard C.: Computability and Logic. London: Cambridge Univ. Press, 1974.
Boolos, George: The Unprovability of Consistency. Cambridge (GB): Cambridge Univ. Press, 1979.
Borges, Jorge Luis: El Aleph. Madrid: Alianza Editorial, 1985 (por autorization de Emece, Buenos Aires 1971).
Borkowski, Ludwik: Formale Logik. München: Verlag C. H. Beck, 1977.
Brewka, Gerhard: Nonmonotonic Reasoning: Logical Foundations of Commonsense. Cambridge (New York): Cambridge University Press, 1991.
Briggs, John P./Peat, F. David: Looking Glass Universe. GB/USA: Fontana/Simon & Schuster, 1985/1984.
Broda, Engelbert: Ludwig Boltzmann. Wien: Deuticke, 1986 (1. Auflage 1955).
Broglie, Louis de: Licht und Materie. Frankfurt/M.: Fischer, 1958.
Brouwer, Luitzen Egbertus Jan. In: Becker, Oskar: Grundlagen der Mathematik.
Brünn im Wandel der Zeit. Hg. v. Bundesverlag der Bruna. Ludwigsburg/Stuttgart: Ungeheuer + Ulmer KG., 1984.
Bruno, Ernst: Abenteuer mit Unmöglichen Figuren. Berlin: Taco Verlag, 1987.
Buchanan, B. G./Shortliffe, E. H.: Ruled-based Expert Systems. Reading (Mass.): Addison-Wesley, 1984.
Buldt, Bernd/DePauli-Schimanovich, Werner/Köhler, Eckehart/Weibel, Peter: Wahrheit und Beweisbarkeit. Kurt Gödels Leben und Werk. Wien: Hölder-Pichler-Tempsky, in Vorbereitung.
Bulloff, Jack et al. (Ed.): Foundations of Mathematics: Symposium Papers Commemorating the Sixtieth Birthday of Kurt Gödel. New York: Springer, 1969.
Burger, Dionys: A Fantasy About Curved Spaces and an Exponding Universe. New York: Harper and Row, 1983.
Calude, Cris: Theories of Computational Complexity. Amsterdam: North Holland, 1988.
Calude, Cris: Information and Randomness. An Algorithmic Perspective. Berlin: Springer, 1994.
Canetti, Elias: Die Fackel im Ohr. Lebensgeschichte 1921-1931. Frankfurt/M.: Fischer, 1985.
Cantor, Georg: Abhandlungen mathematischen und philosophischen Inhalts. Ernst Zemelo (Hg.), Hildesheim: Georg Olms Verlag, 1966.

Cantor. Siehe: Dauben, Josef W. Siehe auch: Meschkowski, Herbert. Siehe auch: Purkert, Walter/Ilgands Hans Joachim. Siehe auch: Zermelo, Ernst. Siehe auch: Kertesz, Andor.
Capra, Fritjof: The Tao of Physics. Fontana, 1976.
Carnap, Rudolf: Logical Foundation of Probability. Chicago: The Univ. of Chicago Press, 1950.
Carnap, Rudolf: Logische Syntax der Sprache. Wien: Springer, 1968.
Carnap, Rudolf: Meening and Necessity. Chicago: The Univ. of Chicago Press, 1947.
Carnap, Rudolf: Physikalische Begriffsbildung. Darmstadt: Wissenschaftliche Buchgesellschaft, 1966.
Carnap, Rudolf: Einführung in die Symbolische Logik. Wien: Springer, 1973 (3. A.).
Casti, John: Alternate Realities. New York: John Wiley, 1989.
Casti, John: Complexification. New York: Harper Collins Publ., 1994.
Casti, John: Die großen Fünf. Basel/Boston: Birkhäuser, 1996.
Casti, John: Reality Rules I & II. New York: John Wiley, 1993.
Casti, John: Szenarien der Zukunft. Stuttgart: Klett-Cotta, 1991.
Casti, John: Verlust der Wahrheit. München: Droemer Knaur, 1990.
Casti, John: Would-be worlds. New York: John Wiley & Sons, 1996.
Ceri, Stefano / Gottlob, Georg / Tanca, Letitia: Logic Programming and Databases. Berlin/New York: Springer, 1990.
Chaitin, Gregory J.: Algorithmic Information Theory. Cambridge: Cambridge University Press, 1987 (third printing 1990).
Chaitin, Gregory J.: Information-Theoretic Incompleteness. Singapur: World Scientific, 1992.
Chaitin, Gregory J.: The Limits of Mathematics, I–IV. Yorktown Heights: IBM, Watson Center, 1993–96.
Church, Alonzo: Introduction to Mathematical Logic. Princeton: Princeton Univ. Press, 1956.
Clark, Ronald W.: Einstein, the Life and Times. New York: World Publ., 1971.
Clark, Ronald W.: The Life of Bertrand Russell. New York: Alfred Knopf Inc., 1976.
Cohen, Paul J./Hersch Reuben: Non-Cantorian Set Theory. In: Scientific American Nr. 6/1967.
Colerus, Egmont: Vom Einmaleins zum Integral. Wien: Karl Bischoff Verlag, 1940.
Colerus, Egmont: Vom Punkt zur Vierten Dimension. Wien: Paul Zolnay Verlag, 1935.
Colerus, Egmont: Von Pythagoras bis Hilbert. Wien: Karl Bischoff Verlag, 1944.
Collins, Allan/Smith, Edward (Ed.): Readings in Cognitive Science. San Mateo (Calif.): Morgan Kaufmann Publ., 1988.
Courant, Richard/Robbins, Herbert: What is Mathematics? London: Oxford Univ. Press, 1941, Seventh Printing: 1956.
Coxeter, H. S. M./Emmer M./Penrose R./Teuber M. L.(Ed.): M. C. Escher: Art and Science, 1986.
Dalen, Dirk van (Ed.): Brouwer's Cambridge Lectures on Intuitionism. Cambridge: Cambridge University Press, 1981.
Dauben, Josef Warren: Georg Cantor and the Origins of Transfinite Set Theory. In: Scientific American, 1965.
Dauben, Joseph Warren: Abraham Robinson. Princeton: Princeton Univ. Press, 1995.
Dauben, Joseph Warren: Georg Cantor. His Mathematics and Philosophy of the Infinite. Cambridge (Mass.): Harvard University Press, 1979.
Davis, Paul: About Time: Einstein's Unfinished Revolution. New York: Simon & Schuster, 1995.
Davis, Philip J./Hersch Reuben: Erfahrung Mathematik. Basel: Birkhäuser, 1985.

Davis, Randall/Lenat, Douglas B.: Knowledge-Based Systems in Artificial Intelligence. New York: McGraw-Hill, 1982.
Dawson, John: Logical Dilemas - The Life and Work of Kurt Gödel. Wellesby, Ma.: Peters, 1997.
DePauli-Schimanovich, Werner/Köhler, Eckehard/Stadler, Friedrich: The Foundational Debate. Complexity and Constructivity in Mathematics and Physics. Dordrecht: Kluver Academic Publishers, 1995.
DePauli-Schimanovich, Werner: Siehe Schimanovich.
Detleffsen, Michael: Hilbert's Program. An Essay on Mathematical Instrumentalism. Dordrecht: D. Reidel Publ. Comp., 1986.
Dewdney, Alexander K.: The Planiverse. New York: Poseidon Press, 1984.
Dewdney, Alexander K.: The New Turing Omnibus. 66 Excursions in Computer Science.
Dieudonne, Jean: Geschichte der Mathematik. Berlin: VEB Deutscher Verlag der Wissenschaften, 1985.
Dold, A./Eckmann, B. (Ed.): Algebra and Logic. Berlin: Springer, 1975.
Drake, F. R.: How Recent Work in Mathematical Logic Relates to the Foundations of Mathematics. In: The Mathematical Intelligencer, Vol. 7, No. 4, New York: Springer, 1985.
Dreyfuß, Hubert/Dreyfuß, St.: Grenzen der künstlichen Intelligenz. Hamburg: Rowohlt, 1988.
Dynkin E. B./Uspenski W. A.: Mathematische Unterhaltungen. Köln: Aulis Verlag Deubner & CoKG, 1979.
Eco, Umberto: Zeichen: Einführung in einen Begriff und seine Geschichte. Frankfurt/M.: Suhrkamp, 1977.
Einhorn, Rudolf: Vertreter der Mathematik und Geometrie an den Wiener Hochschulen 1900-1940. Dissertationen der Technischen Universität Wien 43/I und II. Verband der wissenschaftlichen Gesellschaften Österreichs, Wien, 1985.
Einstein, Albert/Born, Max: Briefwechsel 1916-1955. Hamburg: Rowohlt, 1972.
Einstein, Albert/Infeld Leopold: Die Evolution der Physik. Hamburg: Rowohlt, 1956.
Einstein, Albert: Siehe: Wickert, Johannes. Siehe auch: Hoffmann, Banesh. Siehe auch: Frank, Philipp. Siehe auch: Pais, Abraham.
Epstein, Lewis C.: Relativitätstheorie anschaulich dargestellt. Basel: Birkhäuser, 1985.
Faltings, Gerd: The proof of Fermat´s last theorem by R. Taylor and A. Wiles. In: Notices AMS, vol. 42/7, July 1995.
Felgner, Ulrich (Hg.): Mengenlehre. Darmstadt: Wissenschaftliche Buchgesellschaft, 1979.
Fermi, Enrico. Siehe: Segrè, Emilio. Siehe auch: Clark, Ronald.
Fermi, Enrico: Notes on Thermodynamics and Statistics. Phoenix Books, Chicago: The University of Chicago Press, 1966.
Feynman, Richard: Sie belieben wohl zu scherzen Mr. Feynmann! München: Piper, 1987.
Fiedler, Leonhard M.: Max Reinhardt. Hamburg: Rowohlt, 1975.
Finsler, Paul: Aufsätze zur Mengenlehre. Hg. von Unger, Georg. Darmstadt: Wissenschaftliche Buchgesellschaft, 1975.
Finsler, Paul: Formale Beweise und Entscheidbarkeit. In: Mathematische Zeitschrift 25, 1929, S. 676-682.
Fischer-Lexikon Mathematik 1 und 2, Frankfurt: Fischer, 1966.
Flach, Peter: Future Directions in Artificial Intelligence. New York: North Holland, 1991.

Fodor, Jerry A./Katz, Jerrold J.: The Structure of Language. Englewood Cliffs (New Jersey): Prentice Hall, 1964.
Foerster, Heinz von: The Collected Works of Warren S. McCulloch. Salinas (Cal.): Intersystems Publ., 1996.
Foerster, Heinz von/Beauchamp, James W. (Ed.): Music by Computers. New York/ London: John Wiley and Sons Inc., 1969.
Fraenkel, Abraham A.: Lebenskreise. Stuttgart: Deutsche Verlags-Anstalt, 1967.
Fraenkel, Adolf: Einleitung in die Mengenlehre. New York: Dover Publications, 1946. (Berlin: Julius Springer, 1928).
Francis, George K.: A Topological Picturebook. New York: Springer, 1987.
Frank, Philipp: Einstein. Sein Leben und seine Zeit. Braunschweig: Vieweg, 1979.
Frege, Gottlob: Begriffsschrift und andere Aufsätze. Hg. von Angelelli, Ignacio. Hildesheim: Georg Olms Verlag, 1977.
Frege, Gottlob: Briefwechsel mit Hilbert, Husserl und Russell. Hg. von Gottfried, Gabriel/Kambertel, Friedrich/Thiel, Christian. Hamburg: Felix Meiner, 1980.
Frege, Gottlob: Funktion, Begriff, Bedeutung. Hg. von Patzig, Günther. Göttingen: Vandenhoeck & Ruprecht, 1962.
Frege, Gottlob: Grundgesetze der Arithmetik. Hildesheim: Georg Olms Verlag, 1962.
Frege, Gottlob: Kleine Schriften. Hg. von Angelelli, Ignacio. Darmstadt: Wissenschaftliche Buchgesellschaft, 1967.
Frege, Gottlob: Nachgelassene Schriften. Hg. von Hermes, Hans/et al. Hamburg: Felix Meiner, 1969, 1983 (2. Auflage).
Frege, Gottlob: The Foundations of Arithmetic/Die Grundlagen der Arithmetik. Oxford: Basil Blackwell, 1968.
Freyer, Klaus/Gaebler, Rainer/Möckel, Werner: Gut Gedacht ist Halb Gelöst. Köln: Aulis Verlag Deubner & CoKG, 1972.
Friedell, Egon: Die Rückkehr der Zeitmaschine. Zürich: Diogenes Verlag, 1974, (München: Piper, 1946).
Fröschl, Karl / Matte, Siegfried / Werthner, Hannes: Symbolverarbeitende Maschinen. Eine Archäologie. Steyr (Österreich): Museum Industrielle Arbeitswelt (Eigenverlag), 1993.
Fröschl, Karl, et al.: Charles Babbage. Eine Geschichte aus der Geschichte des Computers. Steyr (Österreich): Museum Industrielle Arbeitswelt (Eigenverlag), 1994.
Fuchs, Walter R.: Eltern entdecken die neue Logik. München: Droemer Knaur, 1971.
Gardner, Martin: aha! oder das wahre Verständnis der Mathematik. Heidelberg: Spektrum der Wissenschaft Bibliothek, 1981.
Gardner, Martin: Gotcha, Paradoxien für den Homo Ludens. München: Hugendubel, 1985.
Gardner, Martin: Logik unterm Galgen. Braunschweig: Vieweg, 1971.
Gardner, Martin: Mathematical Carneval. New York: Penguin Books, 1975.
Gardner, Martin: Mathematical Circus. New York: Penguin Books, 1979.
Gardner, Martin: Mathematische Knobeleien. Braunschweig: Vieweg, 1973.
Gardner, Martin: Mathematische Rätsel und Probleme. Braunschweig: Vieweg, 1980.
Gardner, Martin: Mathematische Tricks. Braunschweig: Vieweg, 1981.
Gardner, Martin: Mathematisches Labyrinth. Braunschweig: Vieweg, 1979.
Gardner, Martin: More Mathematical Puzzles and Diversions. New York: Penguin Books, 1961.
Gardner, Martin: Penrose Tiles to Trapdoor Ciphers. New York: Freeman and Company, 1989.
Gardner, Martin: Relativitätstheorie für alle. Zürich: Orell Füssli Verlag, 1966.

Gardner, Martin: Time Travel and Other Mathematical Bewilderments.
Gascha, Heinz: Physik Formeln leicht gemacht. Köln: Buch und Zeit Verlag, 1992.
Gensler, Harry J.: Gödel's Theorem Simplified. Lanham/New York/London: University Press of America, 1984.
Gentzen, Gerhard: Die gegenwärtige Lage in der mathematischen Grundlagenforschung. Darmstadt: Wissenschaftl. Buchges., 1969.
Gentzen, Gerhard: Neue Fassung des Widerspruchsfreiheitsbeweises für die reine Zahlentheorie. Darmstadt: Wissenschaftl. Buchges., 1969.
Gentzen, Gerhard: Untersuchungen über das logische Schließen. Darmstadt: Wissenschaftl. Buchges., 1969.
Gillies, D. A.: Frege, Dedekind and Peano on the Foundations of Arithmetic. Assen (The Netherlands): Van Gorcum, 1982.
Gleick, James: Genius: The Life and Science of Richard Feynman. New York: Vintage Books, 1992.
Gödel, Kurt: Actes du Colloque (Neuchatel, 13 et 14 juin 1991), Denis Mieville (Ed.). Neuchatel (Schweiz): Université de Neuchatel, 1992.
Gödel, Kurt: A Remark About the Relationship Between Relativity Theory and Idealistic Philosophy. In: Schilpp, Paul Arthur: Albert Einstein.
Gödel, Kurt: Collected Works I, II, III, (in Vorbereitung:) IV. Hg. von Feferman, Solomon et al. Oxford: Oxford University Press, 1990.
Gödel, Kurt: Unpublished Philosophical Essays. Siehe: Rodriguez-Consuegra.
Gödel Remembered (Salzburg 10-12 July 1983). Siehe: Schmetterer, Leopold.
Gödel Society, Kurt (Ed.): Collegium Logicum. Annals of the Kurt Gödel Society. Band 1. Wien: Springer, 1995.
Gödel Society, Kurt (Ed.): Yearbook. Siehe: Schwabl, Hans-Dominik.
Goldfarb, Warren D.: Jacques Herbrand - Logical Writings. Dordrecht: D. Reidel Publ. Comp., 1971.
Goldstern, Martin/Judah, Haim: The Incompleteness Phenomenon. Welleslay (Mass.): A. K. Peters Ltd., 1995.
Goldstine, Herman H.: The Computer from Pascal to Von Neumann. Princeton: Princeton Univ. Press, 1972.
Gottlob, Georg et al. (Hg.): Expertensysteme. Wien: Springer Verlag, 1990.
Gottlob, Georg/Leitsch, Alexander/Mundici, Daniele (Eds.): Computational Logic and Proof Theory. Third Kurt Gödel Colloquium (Brno 1993). Berlin: Springer, 1993.
Graubard, Stephen R. (Hg.): The Artificial Intelligence Debate. Cambridge (Mass.): MIT Press, 1988.
Gribbin, John: Auf der Suche nach Schrödingers Katze. München: Piper, 1984.
Gribbin, John: Unveiling the Edge of Time: Black Holes, White Holes, Wormholes. New York: Harmony Books, 1992.
Hahn, Hans: Reelle Funktionen I. Leipzig: Akademische Verlagsgesellschaft, 1932.
Hahn, Hans: Siehe: Schmetterer/Sigmund: Hans Hahn, Gesammelte Abhandlungen/ Collected Works. Wien: Springer, 1995.
Haller, Rudolf/Stadler, Friedrich (Hg.): Ernst Mach. Werk und Wirkung. Wien: Hölder-Pichler-Tempsky, 1988.
Halova-Jakodova,C.: Brno Stavebni a Umelecky Vyvoj Mesta. Prazske Nakladatelstvi V. Polacka, 1947.
Hardy, G. H.: Ramanujan. Chelsea, New York, 1940, (Third Ed. 1978).
Hawking, Stephen / Ellis, George: Large Scale Structure of Space-Time. Cambridge, UK: Cambridge University Press, 1973.
Hawking, Stephen W.: Eine kurze Geschichte der Zeit. Hamburg: Rowohlt, 1988.
Hawking, Stephen W.: Proceeding of the Royal Society. London A 308, 1969.

Heijenoort, Jean van (Ed.): From Frege to Gödel. Cambridge (Mass.): Harvard Univ. Press, 1967.
Heilbut, Anthony: Kultur ohne Heimat. Berlin: Quadriga, 1987.
Heims, Steve J.: John von Neumann and Norbert Wiener. Cambridge (Mass.): The MIT Press, 1980.
Hermes, Hans et al.: Gottlob Frege. Nachgelassene Schriften. Hamburg: Felix Meiner Verlag, 1969.
Heyting, Arend: Intuitionism, an Introduction. Amsterdam: North-Holland Publ. Comp., 1980 (1956).
Heyting, Arend: Mathematische Grundlagenforschung, Intuitionismus, Beweistheorie. Berlin: Springer, 1974.
Hilbert, David. Siehe: Reid, Constance.
Hilbert, David: Über das Unendliche. Mathematische Annalen, Bd. 95, S. 161-190.
Hilbert, David/Bernays, Paul: Grundlagen der Mathematik I und II. Berlin: Springer Verlag, 1968. (Heidelberg 1934 und 1938)
Hilbert, David/Ackermann Wilhelm: Grundzüge der theoretischen Logik. Berlin: Springer Verlag, 1928 (1. Auflage).
Hilbert, David/Cohn-Vossen: Geometrie und Vorstellung. 1938. Reprint in: Geometry and Imagination. Chelsea, New York, 1952.
Hilbert, David: Die logischen Grundlagen der Mathematik. In: Berka/Kreiser.
Hilbert, David: Grundlagen der Geometrie. Stuttgart: Teubner, 1962.
Hilbert, David: Hilbertiana. Darmstadt: Wissenschaftl. Buchgesellschaft, 1964.
Hitz, Martin: C++. Grundlagen und Programmierung. Wien/New York: Springer, 1992.
Hlawka, Edmund: Erinnerung an Kurt Gödel. In: Internationale Math. Nachrichten (IMN) 142/42, S.2-6.
Hlawka, Edmund: Theorie der Gleichverteilung. Mannheim: Bibliographisches Institut, 1979.
Hodges, Andrew: Alan Turing: The Enigma. New York: A Touchstone Book, 1984.
Hoffmann, Banesh: Albert Einstein, Creator and Rebel. London: Hart-Davis MacGibbon Ltd., 1972.
Hoffmann, Dieter: Erwin Schrödinger. Leipzig: Teubner, 1984.
Hoffmann, Josef: Siehe: Noever/Oberhuber.
Hofstadter, Douglas R.: Gödel, Escher, Bach: Ein Endlos Geflochtenes Band. Stuttgart: Klett-Cotta, 1985.
Hogben, Lancelot: Die Welt der Mathematik. Klagenfurt: Verlag Buch und Welt, (Stuttgart: Chr. Belser Verlag), 1976.
Holton, Gerald/Elkana, Yehuda (Ed.): Albert Einstein, Historical and Cultural Perspectives. Princeton (New Yersey): Princeton Univ. Press, 1982.
Honsberger, Ross: Edelsteine. Braunschweig: Vieweg, 1981.
Hunter, J. A. H.: Mathematical Diversions. New York: Dover, 1975.
Infeld, Leopold: Albert Einstein. Sein Werk und sein Einfluß auf unsere Welt. Wien: Schönbrunn Verlag, 1953.
Jacobs, Konrad: Resultate: Ideen und Entwicklungen in der Mathematik. Braunschweig: Vieweg, 1987.
Janik, Allan/Toulmin, Stephen: Wittgensteins Wien. München: Piper, 1987.
Kaiser, Hans: Geschichte der Mathematik für den Schulunterricht. Wien: Hölder-Pichler-Tempsky, 1984.
Kalish, Donald/Montagne, Richard: Logic: Techniques of Formal Reasoning. New York: Harcourt Brace Jovanovich, 1980.

Kaltenbeck, Franz/Schimanovich, Werner/Weibel, Peter: Inkontinenz (I). In: Manuskripte 33/'71. Graz: Forum Stadtpark, 1971.
Kanigel, Robert: The Man who Knew Infinity: A Life of the Genius Ramanujan. New York: Charles Scribner's Sons, 1991.
Kennedy, Hubert C.: Peano, Life and Works of Giuseppe Peano. Dordrecht (Holland): D. Reidel Publ. Comp., 1980.
Kertesz, Andor: Georg Cantor 1845-1918, Schöpfer der Mengenlehre. Darmstadt: Wissenschaftliche Buchgesellschaft, 1983.
Klarner, David A.: The Mathematical Gardner. Belmont (California): Wadsworth International, 1981.
Kleene, Stephen Cole: Introduction to Metamathematics. Princeton (New Jersey): D. Van Nostrand Comp. Inc., 1950.
Kleene, Stephen Cole: Mathematical Logic. New York: John Wiley, 1967.
Kodratoff, Yves: Introduction to Machine Learning. London: Pitman Publ., 1988.
Koestler, Arthur: The Yogi and the Commissar. New York: The Macmillan Comp., 1967.
Kolmogorov, A. N./Yushkevich, A. P. (Hg.): Mathematics of the 19th Century. Basel: Birkhäuser, 1992.
König, Denes: Theorie der endlichen und unendlichen Graphen. New York: Chelsea, 1950, (Leipzig: Akademische Verlagsgesellschaft, 1936).
Kracke, Helmut: Aus Eins Mach Zehn und Zehn ist Keins. Hamburg: Rowohlt, 1970.
Krapp Gerhard: Vorlesungen über Geschichte der Mathematik. Mannheim: B. I., 1969.
Kreuzer, Franz (Hg.): Gödel-Satz, Möbius-Schleife, Computer-Ich. Wien: Deuticke, 1986.
Kronecker, L. K. In: Becker, Oskar: Grundlagen der Mathematik.
Krueger, Myron W.: Artificial Reality II. Reading (Mass.): Addison Wesley, 1991.
Laue, Max von: Geschichte der Physik. Frankfurt/M., Berlin: Ullstein, 1959.
Leff, Harvey S./Rex, Andrew F. (Ed.): Maxwell's Demon: Entropy, Information, Computing. Princeton (New Jersey): Princeton Univ. Press, 1990.
Leibniz, Gottfried Wilhelm: Lehrsätze der Philosophie, Monadologie. Wien: Hora Studien, 1985.
Leibniz, Gottfried Wilhelm: Monadologie. Stuttgart: Philipp Reclam, 1954.
Leinfellner, Elisabeth/Schleichert, Hubert (Hg.): Fritz Mauthner. Das Werk eines kritischen Denkers. Wien: Böhlau Verlag, 1995.
Leitsch, Alexander: The Resolution Calculus. Berlin: Springer Verlag, 1997.
Levy, Steven: Artificial Life. London/New York: Penguin Books, 1992.
Lisker, Roy: http://daisy.uwaterloo.ca/%7Ealopez-o/math-faq/node1.htm
Locher, J. L.: Leben und Werk M. C. Eschers. Remseck (bei Stuttgart): RVG-Interbook, 1994.
Lorentz, H. A./Einstein, Albert/Minkowski, H.: Das Relativitätsprinzip. Darmstadt: Wissenschaftliche Buchgesellschaft, 1982 (8. Auflage).
Mach, Ernst. Siehe: Blackmore, John. Siehe auch: Haller, R./Stadler, F.
Mach, Ernst: Die Analyse der Empfindungen. Jena: Gustav Fischer, 1922 (9. Auflage).
Mach, Ernst: Die Mechanik in Ihrer Entwicklung. Leipzig: Brockhaus, 1933 (9. Auflage).
Mach, Ernst: Die Mechanik. Brockhaus Verlag, 1921 (8. Auflage).
Marciczewski, W.: (Ed.): Dictionary of Logic. The Hague: Martinus Nijhoff Publ., 1981.
Marr, David: Vision. New York: Freeman, 1982.
Maurer, Hermann: Theoretische Grundlagen der Programmiersprachen. Mannheim: B. I., 1969.

Mauthner, Fritz. Siehe: Leinfellner/Schleichert.
McCulloch, Warren S.: Embodiments of Mind. Cambridge (Mass.): The MIT Press, 1988, (1965).
McCulloch, Warren S. Siehe: Foerster, Heinz von.
McGuinness, Brian (Ed.): Ludwig Wittgenstein and the Vienna Circle. Conversations recorded by Friedrich Waismann. Oxford (GB): Basil Blackwell, 1979.
McGuinness, Brian (Hg.): Zurück zu Schlick. Wien: Hölder-Pichler-Tempsky, 1985.
Mende/Simon: Physik. Gleichungen und Tabellen. München: Heyne, 1974.
Mendelsson, Elliott: Introduction to Mathematical Logic. Princeton (New Jersey): D. Van Nostrand Comp. Inc., 1964.
Menger, Karl: Dimensionstheorie. Leipzig: Teubner, 1928.
Menger, Karl: Kurventheorie. Bronx (New York): Chelsea Publ., 1967, (Leipzig, 1932).
Menger, Karl: Modern Geometry and the Theory of Reality. In: Schilpp, Paul Arthur: Albert Einstein.
Meschkowski, Herbert: Denkweisen großer Mathematiker. Braunschweig: Vieweg, 1961.
Meschkowski, Herbert: Mathematik verständlich dargestellt. München: Piper, 1981.
Meschkowski, Herbert: Mathematiker Lexikon, Heidelberg: B. I., 1964.
Meschkowski, Herbert: Mathematisches Begriffswörterbuch. Mannheim: B. I., 1971.
Meschkowski, Herbert: Probleme des Unendlichen. Werk und Leben Georg Cantors. Braunschweig: Vieweg, 1967.
Michalski et al.: Machine Learning. New York: Springer, 1983.
Minkowski, Hermann: Geometrie der Zahlen. New York: Chelsea, 1953.
Minsky, Marvin L.: Computation, Finite and Infinite Machines. New York: Prentice-Hall, 1967.
Mises, Richard von: Wahrscheinlichkeitsrechnung I. New York: Mary Rosenberg Publisher, 1945, (Leipzig und Wien: Deuticke, 1931).
Mittelstaedt, Peter: Philosophische Probleme der modernen Physik. Mannheim: B. I., 1981.
Molton, Gerald/Elkane Yehuda (Ed.): Albert Einstein, Historical and Cultural Perspectives. Princeton (New Jersey): Princeton Univ. Press, 1982.
Moore, Walter: Schrödinger: Life and Thought. Cambridge (GB): Cambridge Univ. Press, 1989.
Moorhead, Caroline: Bertrand Russell, A Life. New York: Viking Penguin, 1993.
Moreno-Diaz, Roberto: Biocibernetica. Implicationes en Biologia, Medicina y Tecnologia. Madrid: Siglo XXI de Espanya Editores S. A., 1984.
Moreno-Diaz, Roberto / Mira-Mira, José: Brain Processes, Theories and Models. An International Conference in Honor of W. S. McCulloch 25 Yars after his Death. Cambridge, MA: MIT Press, 1996.
Mostowski, Andrzej: Sentences Undecidable in Formalized Arithmetic. An Exposition of the Theory of Kurt Gödel. Amsterdam: North-Holland Publ. Comp., 1952.
Müller-Fonfara, Robert et al.: Mathematik 1 & 2. Augsburg: Weltbild Verlag, 1982.
Nagel, Ernest/Newman, James R.: Der Gödelsche Beweis. Wien: Oldenbourg, 1979.
Nedo, Michael/Ranchetti, Michele: Wittgenstein. Frankfurt/M.: Suhrkamp, 1983.
Neumann, Johann von. Siehe: Heims, Steve.
Neumann, Johann von/Morgenstern, Oskar: Spieltheorie und wirtschaftliches Verhalten. Würzburg: Physica Verlag, 1961.
Neumann, Johann von: Die Rechenmaschine und das Gehirn. München: Oldenburg, 1960.
Neumann, Johann von: Theory of Selfreproducing Automata. Hg. v. Arthur W. Burks. Mit einem Beitrag v. Kurt Gödel. Illinois: Univ. Press of Illinois, 1966.

Neunzert, Helmut/Rosenberger Bernd: Schlüssel zur Mathematik. Düsseldorf: Econ, 1991.
Neurath, Otto: Gesammelte philosophische und methodologische Schriften. Wien: Hölder-Pichler-Tempsky, 1981.
Newell, Allan/Simon, Herbert A.: Human Problem Solving. Englewood Cliff (New Jersey): Prentice-Hall Inc., 1972.
Nilsson, Nils J.: Principles of Artificial Intelligence. Paolo Alto: Tioga, 1980.
Noever, Peter/Oberhuber, Oswald: Josef Hoffmann, 1870-1956. Salzburg: Residenz Verlag, 1987.
Novikov, P. J.: Grundzüge der Mathematischen Logik. Braunschweig: Vieweg, 1973.
Pais, Abraham: „Subtle is the Lord...“: The Science and the Life of Albert Einstein. Oxford Univ. Press, Oxford, 1982.
Pais, Abraham: Einstein Lived Here. Oxford: Oxford Univ. Press, 1994.
Peano, Giuseppe. Siehe: Kennedy, Hubert.
Pearl, Judea: Heuristics: Intelligent Search Strategies for Computer Problem Solving. Reading (Mass.): Addison-Wesley, 1984.
Pearl, Judea: Probabilistic Reasoning in Intelligent Systems. San Mateo (California): Morgan Kaufmann Publ., 1988.
Penrose, Roger: Computerdenken: Des Kaisers neue Kleider oder die Debatte um künstliche Intelligenz, Bewußtsein und die Gesetze der Physik. Heidelberg: Spektrum-der-Wiss.-Verlags-Gesellschaft, 1991.
Penrose, Roger: The Geometry of the Universe. In: Steen, L. A.: Mathematics Today.
Pflug, Georg: Stochastische Modelle in der Informatik. Stuttgart: B. G. Teubner Verlag, 1991.
Pichler, Franz: Systemtheorie. Berlin: De Gruyter Verlag, 1974.
Pichler, Franz / Moreno-Diaz, Roberto (Eds.): EURO CAST. Computer Aided Systems Theory (1989-1997). Berlin: Springer Verlag, 1990f.
Plato: Mit den Augen des Geistes. Frankfurt/M.: Fischer, 1955.
Polya, George: How to solve it. Princeton: Princeton Univ. Press, 1945.
Polya, George: Induction and Analogy in Mathematics. Princeton: Princeton Univ. Press, 1954.
Polya, George: Patterns of Plausible Inference. Princeton: Princeton Univ. Press, 1954.
Poorten, Alf van der: Notes on Fermat´s Last Theorem. In: Canadian Mathematical Society Series of Monographs and Advanced Texts. Wiley-Interscience, Jan. 1996.
Purkert, Walter/Ilgauds Hans Joachim: Georg Cantor, 1845-1918. Leipzig: Teubner, 1985, Basel: Birkhäuser, 1987.
Quine, Willard Van Orman: On what there is. In: Benaceroff/Putnam.
Ramanujan. Siehe: Kanigel, Robert. Siehe auch: Hardy, G. H.
Randell, Brian (Ed.): The Origins of Digital Computers. Selected Papers. Berlin: Springer, 1982.
Rashevsky, Nicolas: Looking at History Through Mathematics. Cambridge (Mass.): The MIT Press, 1968.
Regis, Ed.: Einstein, Gödel and Co. Basel: Birkhäuser, 1989.
Reichel, Hans-Christian u. a.: Lehrbuch der Mathematik 5, Wien: Hölder-Pichler-Tempsky, 1992.
Reichel, Hans-Christian/Prat de la Riba, Enrique (Hg.): Naturwissenschaft und Weltbild. Wien: Verlag Hölder-Pichler-Tempsky, 1992.
Reichenbach, Hans: Axiomatik der relativistischen Raum-Zeit-Lehre. Braunschweig: Vieweg, 1924, (Nachdruck: 1965).
Reichenbach, Hans: The Direction of Time. Berkley: Univ. of California Press, 1956.

Reichenbach, Hans: Die Philosophie von Raum und Zeit. 1927. Reprint in: The Philosophy of Space and Time. New York: Dover, 1958.
Reichenbach, Hans: The Theory of Probability. Berkley: Univ. of California Press, 1949.
Reid, Constance: Hilbert. New York: Springer-Verlag, 1970.
Reinhard, Max. Siehe: Fiedler, Leonhard.
Reinhardt, Fritz/Goeder, Heinrich: dtv-Atlas zur Mathematik, Band 1 & 2. München: dtv, 1974.
Robinson, Abraham. Siehe Dauben, Joseph Warren.
Rodriguez-Consuegra, Francisco A.: Kurt Gödel. Unpublished Philosophical Essays. Basel: Birkhäuser, 1996.
Rozsenich, Norbert: The Projective Gödel Universe. In: Yearbook 1992 of the Kurt Gödel Society. (Ed.: Schwabl).
Rucker, Rudolf von Bitter: Geometry, Relativity and the Fourth Dimension. New York: Dover Publications, 1977.
Rucker, Rudy (Ed.): Mathenauts. New York: Arbor House, 1987.
Rucker, Rudy (Ed.): Spaculations on the Fourth Dimension. New York: Dover Publications Inc., 1980.
Rucker, Rudy: Die Wunderwelt der 4. Dimension. München/Wien: Scherz, 1987.
Rucker, Rudy: Gödel, Zappa, Rock'n Roll. Frankfurt am Main: Fischer, 1989.
Rucker, Rudy: Infinity and the Mind.
Rucker, Rudy: Mind Tools. Boston: Houghton Mifflin Comp., 1987.
Rucker, Rudy: Weißes Licht. München: Heyne Verlag, 1985.
Rupertsberger, Heinz: Das Gödelsche Universum. Siehe: Buldt, Bernd/DePauli-Schimanovich, Werner/Köhler, Eckhart/Weibel, Peter.
Russell, Bertrand. Siehe: Clark, Ronald. Siehe auch: Moorehead, Caroline.
Russell, Bertrand: Das ABC der Relativitätstheorie. München: Drei Masken Verlag, 1928.
Russell, Bertrand: Einführung in die mathematische Philosophie. Wiesbaden: Emil Vollmer Verlag (München: Drei Masken Verlag, 1923).
Russell, Bertrand: History of Western Philosophy. London: George Allen and Unwin Ltd., 1946.
Russell, Bertrand: The Autobiography of Bertrand Russell. London: George Allen and Unwin Ltd., 1968.
Russell, Bertrand: The Principles of Mathematics. London: George Allen and Unwin Ltd., 1964, (1903).
Salter, Andrew: The Case Against Psychoanalysis. New York: The Citadel Press, 1968 (4. Paperback Edition).
Samek Bohumil/Hruby, Karel Otto: Brno Promeny Mesta. Vydalo Nakladatelstvi Blok v Brne Roku, 1982.
Schaefer, Camillo: Wittgensteins Größenwahn. Wien: Jugend und Volk, 1986.
Schilpp, Paul Arthur: Albert Einstein: Philosopher-Scientist. Evanston (Illinois): The Library of Living Philosophers, 1949.
Schimanovich, Werner: Der Mengenbildungsprozeß. In: Manuskripte 33/'71. Graz: Forum Stadtpark, 1971.
Schimanovich, Werner: Kurt Gödel and his Impact on A. I. In: ÖGAI-Journal 8/3. Wien: Österr. Ges. f. AI, 1989.
Schlick, Moritz: Gesammelte Aufsätze 1926-1936. Wien: Gerold & Co, 1938.
Schmetterer, Leopold/Sigmund, Karl: Hans Hahn, Gesammelte Abhandlungen. Collected Works. Wien: Springer, 1995.

Schmetterer, Leopold: Einführung in die mathematische Statistik. Wien: Springer, 1966.
Schmetterer, Leopold (Hg.): Gödel Remembered (Salzburg 10-12 July 1983). Napoli: Bibliopolis, 1987.
Schnorr, Claus Peter: Rekursive Funktionen und ihre Komplexität. Stuttgart: Teubner, 1974.
Schnorr, Claus Peter: Zufälligkeit und Wahrscheinlichkeit. Berlin: Springer, 1971.
Scholz, Heinrich/Hasenjaeger, Gisbert: Grundzüge der mathematischen Logik. Berlin: Springer, 1961.
Schrödinger, Erwin. Siehe: Hoffmann, Dieter. Siehe auch: Moore, Walter.
Schwabl, Hans-Dominik (Ed.): Yearbook of the Kurt Gödel Society (1988-1992). Kurt-Gödel-Gesellschaft, TU-Wien.
Segrè, Emilio: Enrico Fermi, Physicist. Chicago: The Univ. of Chicago Press, 1970.
Serebriakoff, Victor: Mensa, Rätsel für Hochbegabte. München: Hugendubel, 1985.
Sexl, Roman und Hannelore: Weiße Zwerge - Schwarze Löcher. Hamburg: Rowohlt, 1975.
Sexl, Roman: Was die Welt zusammenhält. Frankfurt/M.: Ullstein Sachbuch (Stuttgart: Deutsche Verlags-Anstalt), 1982.
Shanker, S. G. (Ed.): Gödel's Theorem in Focus. London: Routledge, 1988.
Shannon, C. E./McCarthy J. (Hg.): Studien zur Theorie der Automaten. München: Roger & Bernhard, 1974.
Shoenfield, Joseph R.: Mathematical Logic. Reading (Mass.): Addison-Wesley, 1967.
Sigmund, Karl: Games of Life. New York: Penguin Books, 1995 (Oxford: Oxford Univ. Press, 1993). dtsch.: Spielpläne, Zufall, Chaos und Strategien der Evolution. Hamburg: Hoffmann u. Campe, 1995.
Simon, Herbert A.: The Sciences of the Artificial. Cambridge (Mass.): MIT Press, 1969.
Sklar, Lawrence: Space, Time and Spacetime. Berkley: Univ. of California Press, 1974.
Slezak, Peter: Gödel's Theorem and the Mind. In: The British Journal for the Philosophy of Science, Vol. 33, No 1, March 1982, Aberdeen Univ. Press.
Smullyan, Raymond: Dame oder Tiger. Frankfurt/M.: Wolfgang Krüger Verlag, 1983.
Smullyan, Raymond: Forever Undecided: A Puzzle Guide to Gödel. Oxford: Oxford University Press, 1987.
Smullyan, Raymond: Gödel's Incompleteness Theorems. Oxford: Oxford Univ. Press, 1992.
Smullyan, Raymond: The Chess Mysteries of Sherlock Holmes. New York: Alfred Knopf, 1982.
Smullyan, Raymond: To Mock a Mockingbird. Oxford: Oxford University Press, 1985.
Smullyan, Raymond: Wie heißt dieses Buch? Braunschweig: Vieweg, 1981.
Stadler, Friedrich/Weibel, Peter (Ed.): The Cultural Exodus from Austria. Wien: Springer Verlag, 1995.
Stadler, Friedrich: Vertriebene Vernunft I & II. Wien: Jugend und Volk, 1987.
Steen, Lynn Arthur (Ed.): Mathematics Today. New York: Springer Verlag, 1978.
Stegmüller, Wolfgang: Hauptströmungen der Gegenwartsphilosophie. Bd. 1. Stuttgart: Kroner, 1978.
Stegmüller, Wolfgang: Unvollständigkeit und Unentscheidbarkeit. Wien: Springer, 1959.
Steinhaus, H.: Mathematical Snapshots. Oxford: Oxford Univ. Press, 1983, (1950).
Stern, Philip M.: The Oppenheimer Case: Security on Trial. New York: Harper & Row, 1969.
Stillings, Neil/et al.: Cognitive Science: An Introduction. Cambridge (Mass.)/London: Bradford Book/The MIT Press, 1987.

Suppes, Patrick/Mill, Shirley: First Course in Mathematical Logic. Waltham (Mass.): Blaisdell Publ. Comp., 1964.
Suppes, Patrick: Introduction to Logic. Princeton (New Jersey): D. Van Nostrand Comp. Inc., 1957.
Suppes, Patrick: Axiomatic Set Theory. Princeton: Van Nostrand, 1960.
Svozil, Karl: Randomness and Undecidability in Physics. Singapore: World Scientific, 1993.
Tarski, Alfred/Mostowski, Andrzej/Robinson, Raphael: Undecidable Theories. Amsterdam: North-Holland Publ. Comp., 1968.
Tarski, Alfred: Grundlegung der wissenschaftlichen Semantik. In: Berka/Kreiser.
Tarsky, Alfred: Einführung in die Mathematische Logik. Wien: Springer, 1937.
Taussky-Todd, Olga: Rememberances of Kurt Gödel. In: Gödel Remembered. Siehe: Schmetterer, Leopold.
Thorne, K./Yurtsever, U.: Wormholes, Time Machines and the Weak Energy Condition. Physical Review; siehe Spiegel, Nr. 50, 12. Dezember 1988.
Turing, Alan. Siehe: Hodges, Andrew.
Vilimkova, Milada: Die Prager Judenstadt. Hanau: Werner Dausien Verlag, 1990.
Waismann, Friedrich: Ludwig Wittgenstein und der Wiener Kreis. Frankfurt am Main: Suhrkamp, 1984.
Wang, Hao: A Survey of Mathematical Logic. Peking 1962.
Wang, Hao: Beyond Analytic Philosophy. Cambridge (Mass.): The MIT Press, 1986.
Wang, Hao: From Mathematics to Philosophy. New York: Humanities Press, 1974.
Wang, Hao: Logic, Computers and Sets. New York: Chelsea Publ., 1959 (1970).
Wang, Hao: Logical Journey. From Gödel to Philosophy. Cambridge, MA: MIT Press, 1997.
Wang, Hao: Popular Lectures on Mathematical Logic. New York: Dover Publications, 1981.
Wang, Hao: Reflections on Gödel. Cambridge (Mass.): The MIT Press, 1988.
Webb, Judson Ch.: Mechanism, Mentalism and Metamathematics. Dordrecht: Reidel, 1980.
Wehr, Gerhard: Jacob Böhme. Hamburg: Rowohlt, 1971.
Weibel, Peter/Köhler, Eckehart: Gödels Unentscheidbarkeitsbeweis. In: Kreuzer, Franz.
Weibel, Peter / Schimanovich, Werner: Kurt Gödel - Ein mathematischer Mythos. Fernsehfilm des ORF (= Österr. Rundfunk Fernsehen). Wien, 1986.
Werthner, Hannes: Qualitative Reasoning. Modeling and the Generation of Behavior. Wien: Springer Verlag, 1994.
Weyl, Hermann: Das Kontinuum. New York: Chelsea, 1930.
Weyl, Hermann: Philosophie der Mathematik und Naturwissenschaft. München/ Wien: Oldenbourg, 1966.
Weyl, Hermann: Philosophy of Mathematics and Natural Science. Princeton: Princeton Univ. Press, 1949.
Weyl, Hermann: Raum, Zeit, Materie. Berlin: Springer, 1970 (6. Auflage).
Whitehead, Alfred North: Eine Einführung in die Mathematik. Bern: Francke, 1958.
Wickert, Johannes: Einstein. Hamburg: Rowohlt, 1972.
Wiener, Norbert. Siehe: Heims, Steve.
Wiener, Norbert: Kybernetik. Hamburg: Rowohlt, 1968.
Wiener, Norbert: Mathematik - Mein Leben. Frankfurt: Fischer, 1965.
Wiener, Norbert: The Human Use of Human Beings. New York: Dicus Avon, 1967.
Wiener, Oswald: Probleme der künstlichen Intelligenz. (Hg. Weibel, Peter). Berlin: Merve, 1990.
Winograd, Terry: Understanding Natural Language. New York: Academic Press, 1972.

Wittgenstein Ludwig and the Vienna Circle. Siehe: McGuinness, Brian. Siehe auch: Waismann, Friedrich.
Wittgenstein, Ludwig: Bemerkungen über die Grundlagen der Mathematik. Hg. von Wright, G. M. et al. Cambridge (Mass.): The MIT Press, 1967.
Wittgenstein, Ludwig: Philosophische Grammatik. Oxford: Basil Blackwell, 1969.
Wittgenstein, Ludwig: Tractatus logico-philosophicus. Frankfurt/M.: Suhrkamp Verlag, 1960.
Wittgenstein, Sein Leben in Bildern und Texten. Siehe Nedo/Ranchetti.
Wolf, Fred Alan: Parallel Universes: The Search for Other Worlds. New York: Simon & Schuster Inc., 1988.
Wolkowski, Z. W. (Ed.): First International Symposium on Gödel's Theorems. Singapur: World Scientific, 1993.
Young, J. Z.: The Memory System of the Brain. Berkeley: University of California Press, 1966.
Zermelo, Ernst (Hg.): Georg Cantor: Abhandlungen mathematischen und philosophischen Inhalts. Hildesheim: Georg Olms Verlag, 1966.

Bildnachweis:

S. 9 (o.): Fotoalben d. Familie Gödel (= FaG). S. 9 (u.): Foto Dorothy Morgenstern. S. 11(o.): Grafik v. H. Stadelmann f. d. Fernsehfilm „Kurt Gödel - Ein mathematischer Mythos" v. P. Weibel u. W. Schimanovich; Österr. Rundfunk/Fernsehen, Wien 1986 (= ORF). S. 11 (u.), 12: Tech.Z. v. Ing. Stumpauer, hpt (= St/hpt). S. 15: ORF. S. 18: Bildarchiv Österr. Nationalbibliothek (= ÖNB). S. 19: ORF. S. 22: Geodézie Brno. S. 23, 24, 25, 26 (o.): FaG. S. 26 (u.): Ansichtskarte (Foto anonym); Fotosammlung DePauli-Schimanovich (= FsDS). S. 27, 30 (o.): FaG. S. 30 (m.: Hahn, Furtwängler): ÖNB, S. 30 (u.): Archiv Math. Inst., Univ. Wien. S. 31: O. Tausky-Todd. S. 32: FaG. S. 33: LP-Cover (Elite Special). S. 34: ORF, S. 35: Abb. aus: E. Mach, „Analyse d. Empfindungen" (G. Fischer, Jena 1886). S. 36 (o.): ÖNB. S. 36 (u.): Grafik v. DePauli-Schimanovich. S. 37: Archiv Inst. Wiener Kreis. S. 39 (o.): ÖNB. S. 39 (u.): ORF. S. 40: Foto Keystone (Dupl. i. Archiv. d. Öst. L.-Wittgenstein-Ges.). S. 42 (o.): ORF. S. 42 (u.): ÖNB. S. 43, 44: ORF. S. 46 (o.): FsDS, S. 46 (u.): Kronen Zeitung (1936). S. 50 (o.): Foto Cheryl Dawson. S. 50 (u.): FaG. S. 52 (o.): Foto Richard Arens, S. 52 (u.): IAS, Princeton. S. 53: Deutsches Museum, München. S. 54, 57, 58 (o.): FaG. S. 58 (u.): Foto Dorothy Morgenstern. S. 59, 60, 61, 62: FaG. S. 64: aus: A. Hodges, "A. Turing. The Enigma", Simon & Schuster, N. Y. 1983. S. 69: Foto Maria Lutmann-Kokoszynska (aus: Kurt Gödel, Collected Works, Vol. 1, Ed. S. Feferman et al., Oxford Univ. Press, N.Y./Clarendon Press, Oxford, 1986). S. 70: ÖNB. S. 71: Foto Suzanne Lautmann (aus: "Jaques Herbrand: Logical Writings". Ed. by Warren D. Goldfarb. D. Riedel Publ. Comp., Dordrecht 1971). S. 74: Fotosammlung St. C. Kleene. S. 77, 81, 82, 83, 84, 85: ORF. S. 87, 88, 90: ÖNB. S. 92: Fotosammlung St. C. Kleene. S. 94: FsDS. S. 98: FaG. S. 106-111: St/hpt (nach Rucker, Rupertsberger, Hawking, DePauli und Penrose). S. 113: Foto Rudolf Ladenburg. S. 114: Foto Dorothy Morgenstern. S. 115, 118, 120: ORF.